이 땅에서 영원의 관점으로 살아가는 청지기 삶
Eternal Perspective Stewardship

EPS 청지기 재정교실
Eternal Perspective Stewardship

청지기 재정교실

김신호 · 정병일 · 이원재 · 채슬아 · 지음

"하나님은 세상적인 보물로 하늘나라의 보물을 쌓기를 원하십니다."

소그룹 학습자용

예영커뮤니케이션

EPS 청지기 재정교실 소그룹 학습자용

펴낸 날 · 2010년 1월 10일 | **초판 2쇄 찍은 날** · 2010년 1월 15일
지은이 · 김신호 · 정병일 · 이원재 · 채슬아 | **펴낸이** · 김승태
등록번호 · 제2-1349호(1992. 3. 31) | **펴낸 곳** · 예영커뮤니케이션
주소 · (136-825) 서울시 성북구 성북1동 179-56 | **홈페이지** www.jeyoung.com
출판사업부 · T. (02)766-8931 F. (02)766-8934 e-mail: edit1@jeyoung.com
출판유통사업부 · T. (02)766-7912 F. (02)766-8934 e-mail: sales@jeyoung.com

copyright ⓒ 2009 EPS 청지기 재정교실
ISBN 978-89-8350-5376-8(03230)

값 12,000원

서 문

　　EPS(Eternal Perspective Stewardship)는 하나님이 이 땅에서 맡기신 물질을 영원의 관점에서 잘 관리하여 주님 앞에 충성스런 청지기로 서는 것을 지향합니다. 오늘날 번영과 성공철학이 세상을 지배하고 그리스도인 공동체 안에서조차 성경의 일부분을 인용한 기복신앙이 복음의 전부인 것처럼 인기가 있는 시대적 상황 속에서, EPS는 성경을 통해 주님이 진정으로 가르치시고자 하는 것이 무엇인지 고민하는 성경적 재정관리 사역자들이 뜻을 함께하여 2008년 9월에 출범하였습니다. 현재 기독 교수팀과 목회자 팀들이 자문을 하고 있으며, 이 사역의 구성은 중보기도, 웹사이트 운영, 소그룹 재정학교, 성경적 재정상담 및 재정 강의 등으로 섬기고 있습니다.

　　EPS는 성경에서 가르치는 재정원리와 랜디 알콘(Randy Alcorn) 의「돈·소유 그리고 영원」에서 보여 주는 신학 사상을 모태로 하고 있습니다. EPS가 추구하는 신앙정신은 오늘날의 시대적 상황과 인간의 욕구에 성경을 끼워 맞추는 것이 아니라, 모든 것의 주인 되신 주님께서 보여 주시는 것을 오늘날의 상황에 적용하는 것입니다.

▶핵심 가치

1. 모든 것의 소유주는 하나님이시다.

2. 우리가 가지고 있는 모든 것은 주인 되신 하나님이 맡기신 것이다.

3. 모든 재정적인 결정은 영적인 관점으로 결정한다.

4. 영원히 남을 일에 투자하는 것이 가장 지혜로운 행동이다.

5. 우리의 성공과 실패는 이 땅이 아닌 주님 앞에서의 마지막 결산 시 결정된다.

　　EPS는 소그룹 교육, 상담, 세미나와 특정한 대상(청소년, 청년, 장년, 부부, 경영자, 직장인, 목회자)과 다양한 주제의 성경적인 재정관리 프로그램으로 교회나 직장 신우회, 선교단체를 섬기려고 합니다.

EPS 청지기 재정교실

EPS 소그룹 모임에 참여하신 여러분을 진심으로 환영합니다.

오늘날 많은 사람들이 재정적인 문제에 직면해 있으며 이것에서 벗어나려고 애쓰고 있지만 불행하게도 많은 빚이 불어나고, 거의 저축을 하지 못하고 있으며, 미래를 위한 아무런 준비도 없이 살아가고 있습니다. 재정적으로는 좋아 보이는 사람들일지라도 금전에 대한 태도가 바르지 않으면 내 · 외적인 여러 가지 시험과 염려로 인해 기쁨과 평안을 상실하고 살아갑니다. 그런데 성경은 무려 2,000구절이 넘는 곳에서 돈과 소유에 대한 하나님의 마음을 자세하고 구체적으로 전하고 있습니다. 하지만 오늘날의 그리스도인들은 이에 대해 잘 알지 못하고, 세상적인 관점에서 재정적인 문제를 해결하려는 근본적인 문제를 안고 있습니다. 오늘날 교회가 직면한 가장 중요한 도전 중의 하나는 성도들이 돈을 다루는데 있어서도 하나님의 관점에서 행동하게 하는 것입니다.

▶훈련 목표

1. 우리를 주님 앞에서 최종결산 해야 하는 청지기로서의 정체성을 발견하게 합니다.
2. 일시적인 세상의 보물을 영원한 하늘나라의 보화를 쌓는데 사용하는 것이 진정한 성공이고 지혜임을 깨닫게 합니다.
3. 영원의 관점을 일상적인 재정생활에 적용하고 실천하도록 돕습니다.

EPS 훈련과정은 총 8주로 소그룹 모임을 통해 이루어집니다. 복과 보물, 소유와 청지기, 이 땅에서 영원까지, 부채, 드림과 나눔, 저축과 투자, 일과 사업의 기름부으심, 영원의 관점으로 살아가는 청지기로 구성되어 있습니다.

성령의 인도하심으로 이 훈련과정에 잘 참여하셔서서 관점과 생활이 바뀌고, 변화된 삶의 모본을 통해 가정과 교회, 그리고 사회에 하나님의 자녀 된 청지기로서의 증인이 되시길 축복합니다.

EPS본부 일동

1. 학습 지침

⊙ 소그룹 모임의 구성인원은 리더와 코리더를 포함하여 10명 이내가 바람직합니다.

⊙ 모든 구성원은 8주간의 모임 중 최소한 7번 이상을 참석하셔야 합니다.

⊙ 모임은 찬양과 기도로 시작하고 중보기도로 마칩니다.

⊙ 실질적인 재정훈련이므로 실전적용과제는 삶에 지속적으로 적용해 나가야 합니다.

⊙ 매 과별 지정된 암송구절은 시작 기도 후 개개인이 암송을 합니다.

⊙ 소그룹 구성원들은 중보기도 일지를 작성하여 매일 서로를 위해 기도해 줍니다.

⊙ 해당 과제를 예습하지 않은 학습자에 대해 토론 참여를 제한할 수 있습니다.

⊙ 모임은 2-3시간을 기준으로 자체 협의에 의해 탄력적인 운영을 할 수 있습니다.

⊙ 리더는 학습자 운영일지를 작성하여 학습 근거를 남겨 주시기 바랍니다.

2. 운영 방침

⊙ EPS 청지기 재정교실은 성경적인 재정원칙을 영원의 관점에서 현실의 다양한 재정영역에 적용하고 보급합니다.

⊙ EPS 청지기 재정교실은 청지기적 사명을 가지고 비영리로 운영되므로 세상적인 투자 조언이나 어떠한 영리 행위에 이용해서는 안 됩니다.

⊙ EPS 청지기 재정교실은 하나님의 재정원칙을 공유하길 원하는 개인 및 단체 그리고 교회를 대상으로 소그룹훈련, 상담, 자료 제공, 세미나 등으로 섬깁니다.

⊙ EPS 청지기 재정교실은 교육에 참여하는 학습자들의 등록금과 후원으로 운영합니다.

⊙ EPS 청지기 재정교실 본부는 한국에 둡니다.

═══ EPS 소그룹 재정 학습 ═══

1 주차 : 복과 보물

2 주차 : 소유와 청지기직

3 주차 : 이 땅에서 영원까지

4 주차 : 부채

5 주차 : 드림과 나눔

6 주차 : 저축과 투자

7 주차 : 일과 사업의 기름 부으심

8 주차 : 영원의 관점으로 살아가는 청지기

실전 적용

1 주차 : 가계부 작성

2 주차 : 소유권 양도각서, 개인재정현황

3 주차 : 예산 세우기

4 주차 : 부채 재고조사

5 주차 : 부채 상환계획

6 주차 : 예산과 실적 비교

7 주차 : 유산과 장례

8 주차 : 하나님과의 재정적인 서약

이름 ＿＿＿＿＿＿＿＿＿＿＿＿＿＿＿＿＿ 소속 교회 ＿＿＿＿＿＿＿＿＿＿＿＿＿＿＿

차 례

부 록

1 주차 복과 보물

1. 목표

일반적으로 생각하는 복과 보물에 관해 성경의 관점으로 깨닫게 한다.

2. 암송구절

"내가 여호와께 아뢰되 주는 나의 주님이시오니 주 밖에는 나의 복이 없나이다"(시 16:2).

"너희는 그 은혜에 의하여 믿음으로 말미암아 구원을 받았으니 이것은 너희에게서 난 것이 아니요 하나님의 선물이라"(엡 2:8).

3. 들어가는 말

흔히 '복 받았다' 하면 물질적인 부, 성취, 명예, 건강, 성공 등을 떠올린다. 그리고 우리는 그 '복'을 얻도록 기도한다. 물론 모든 복이 하나님의 주권 하에 있고 그분이 주시는 것이므로 이런 복들이 그리스도인에게 가치가 없다거나 구해서는 안 된다는 뜻은 아니다. 그러나 하나님을 단순히 복과 벌을 주시는 분, 우리의 필요를 채워 주시는 분으로만 섬기고, 천국의 영광은 꿈꾸지만 그 이전에 우리가 져야 하는 책임과 십자가는 외면하는 데 문제의 심각성이 있다.

구약이나 신약을 통틀어 많은 사람들이 한쪽의 의로움과 부유함, 다른 쪽의 범죄함과 가난은 원인-결과 관계라고 믿었다. 그렇다면 과연 물질적인 부, 성공, 명예, 건강 등이 하나님의 상급이나 승인을 나타내는 신뢰할 만한 척도인가? 만일 부유함이 하나님의 인정하심을 나타내는 것이라면, 병들고 가난한 것은 하나님의 거부하심을 나타내는 것이며, 예수와 바울은 하나님의 블랙리스트에 올라가 있다는 말이 된다.

세상 사람들은 말할 것도 없고 그리스도인 가운데도 복에 대한 다양한 의견이 있지만, 하나님께서는 당신의 자녀들을 위해 성경의 2,350구절에서 돈과 소유에 대해 분명하게 말씀해 놓으셨다. 이것은 믿음과 기도에 대한 구절을 합친 것보다 더 많다. 또 예수님의 비유 가운데 거의 절반이 돈과 소유에 대한 말씀이다. 그렇다면 하나님께서는 그 구절들을 통해 무엇을 가르치고 계시고 무엇을 경고하시는가?

 ## 4. 들어가는 질문

1) 지금 당신의 가장 큰 관심은 무엇입니까?

2) 당신이 생각하는 '복'이란 무엇입니까?

3) 성경의 많은 부분이 돈과 소유에 대해 다루고 있다는 것에 대해 어떻게 생각하십니까?

||||||||||||||||||||||||||||||||||||||||||||||||||||||||||||| **본 문** |||||||||||||||||||||||||||||||||||||||||||||||||||||||||||||

▣ 물질만능주의

뉴웹스터 사전에는 물질만능주의를 "물질적인 것이 유일한 혹은 근본적인 실체로, 모든 존재와 과정과 현상은 물질적인 것으로 나타나고, 물질적인 결과로 설명될 수 있다고 보는 이론"으로 정의한다. 이 말은 "인간의 유일하고 가장 높은 가치나 목적은 물질적인 행복에 있고, 지적이나 영적인 것보다 물질적인 것에 몰두하고, 더 많은 물질적인 것을 소유하는데 있다"는 뜻이다. 미국에서 일어나는 범죄의 99%는 돈과 섹스 때문인데, 돈에 대한 이유가 섹스에 대한 이유보다 4배나 많다는 것이 이것을 잘 보여준다.

▣ 성경에 나오는 물질만능주의

● 돈과 소유물에 대한 아간의 욕심으로 인해 자신과 가족을 비롯해 수십 명의 사람들이 전쟁에서 죽었다(수 7장).
● 선지자 발람이 발락으로부터 돈을 받는 대가로 하나님의 백성들을 저주했다(민 22:4-35).
● 드릴라는 돈을 받고 삼손을 배반하여 블레셋 사람에게 넘겼다(삿 16장).
● 솔로몬 왕은 자신의 욕망으로 하나님이 금지한 많은 말과 금과 은과 아내들을 가짐으로 하나님을 악명 높게 불순종했다(신 17:16-17).
● 가룟 유다는 은 30냥에 하나님의 아들을 배반했다(마 26:14-16).
● 소유를 팔아 얼마를 감추고 전부를 드린다고 거짓말을 한 아나니아와 삽비라는 그것 때문에 죽임을 당했다(행 5:1-11).
● 예수님은 "모든 탐심을 물리치라 사람의 생명이 그 소유의 넉넉한데 있지 아니하니라"(눅 12:15)고 강력하게 경고하셨다.

◪ 종교적 물질만능주의 〈번영신학〉

청중들 앞에 선 '하나님의 사람'이 '가난의 영'을 꾸짖으며 물질적인 축복을 확신시킨다. 물질적인 부, 성취, 명예, 승리, 성공이 하나님의 상급이나 승인을 나타내는 신뢰할 만한 척도라고 말한다. 종교적 물질만능주의인 건강과 부의 복음은 개인의 편안과 부유함을 강조하지, 그리스도의 진정한 제자가 되는 것에는 관심이 없다(요 15:18-20). 고 말한다. 건강과 부의 복음은 우리 자신에 대한 소비를 부추긴다. 또한 우리에게 있는 물질만능주의의 속박을 점점 가속시킬 뿐만 아니라, 영원을 위해 사용할 수 있는 기회를 상실하게 만든다.

하나님은 사람을 사랑하고 물질을 이용하라고 만드셨지만, 물질만능주의자는 물질을 사랑하고 사람을 이용한다. 사람을 연소득으로 평가하고 재산으로 순위를 매긴다. 가진 자는 교만과 엘리트의식을 갖게 하고, 없는 자는 열등감과 실패자의 의식을 갖게 만든다. 물질만능주의는 우리가 오직 한 사람(예수님)과 한 장소(하늘나라)를 위해 창조되었다는 것을 깨닫지 못한 결과다. 건강과 부의 복음은 이 땅과 이 시대의 산물이고, 인간의 물질만능주의와 자기도취를 반영한다.

건강과 부의 복음이 가지고 있는 근본적인 문제점은 그것이 인간 중심이지 하나님 중심이 아니라는 것이다. 물질만능주의는 하나님이 가장 미워하시는 우상숭배(하나님이 아닌 돈 숭배)와 간음(신랑이신 하나님 대신 돈을 사랑)으로 구성되어 있다.

◪ 성경중심 신앙과 기복신앙

한 오찬 장소에서 성공한 사업가가 간증을 하기 위해 일어섰다.

"그리스도를 알기 전에는 가진 것이 아무 것도 없었어요. 사업은 망하고, 건강은 상했고, 사회로부터 존경을 잃어버리고 가정도 거의 잃게 되었어요. 그때 그리스도를 영접했어요. 그분은 나를 파산으로부터 일으키셨고, 지금은 그때보다 3배의 이익을 더 올리고 있어요. 나의 혈압은 정상으로 돌아왔고, 요즘 얼마나 마음이 기쁜지 몰라요. 무엇보다 감사한 것은 나의 아내와 자녀들이 다시 돌아와 가정이 회복된 것입니다. 하나님은 선하십니다. 이러한 주님을 찬양합니다."

이번에는 박해받는 나라에서 검소한 모습의 전직 대학교수가 간증을 한다.

"그리스도를 만나기 전에는 모든 것을 가지고 있었어요. 많은 월급을 받으며 좋은 집에 살았고, 건강도 좋았으며, 사회에서는 높은 존경을 받았으며, 결혼도 잘했고 잘생긴 아들도 있었어요. 그 시기에 나는 그리스도를 나의 구주, 나의 주님으로 영접했어요. 그 후 나는 대학에서 쫓겨났고, 아름다운 집과 차를 잃었고, 5년 동안 감옥 생활을 했어요. 현재 생계를 위해 공장에서 막일을 하고 있어요. 감옥에서 목이 부러져 후유증으로 통증을 가지고 살아요. 나의 회심으로 인해 아내는 나를 버렸어요. 그녀가 아들을 데리고 가 버려 10년 동안 얼굴도 보지 못했어요. 그러나 하나님은 선하십니다. 그분의 신실함을 찬양합니다."

이 실제 간증 속의 두 사람 모두 신실한 그리스도인이다. 한 사람은 자기가 얻은 것에 대해 감사하고 다른 사람은 자기가 잃어버린 것에 대해서 감사한다. 이 상반된 간증 속에서 무엇을 느끼는가? 물질적 축복과 가정회복은 감사할 제목임엔 틀림없지만 그것이 궁극적인 '복'의 의미와 내용의 전부는 아니라는 사실이다. 따라서 우리가 간구하는 건강, 물질, 지위, 형통 등이 우리의 최종목표나 감사의 절대적인 이유가 되어서는 안 된다는 사실을 깨닫고 진정한 복의 개념을 재정립해야 할 필요가 있다.

▣ 구약의 복과 신약의 복

구약에서는 순종할 때 물질의 축복을 주셨고(신 28:2), 세상적 부유함을 즐기는 것이 강조되었다(신 28:11, 수 1:15, 잠 15:6). 그리고 하나님께 순종할 때 핍박을 피하게 하시며 형통한 길로 인도하셨다(신 28:7). 가난은 하나님께 불순종한 결과이며(신 28:15-46, 사 3:16-24), 게으름의 결과요(잠 6:6-11, 24:30-34), 쾌락을 추구한 결과(신 28:20-46)라고 말한다. 아울러 불순종과 반역을 통하여 부자가 되는 것은 하나님의 저주가 되며(시 73:1-12, 렘 5:26-30), 부자가 되는 것은 자만심(잠 28:11, 겔 28:3-7)과 하나님께 대한 신앙으로부터 멀어지게 만드는 원인이 된다(신 8:12-14, 잠 11:28, 욥 31:24)고 경고한다.

신약에서는 많은 성도들이 물질적으로 가난했으며(마 8:20, 고후 11:27, 약 2:5), 가진 소유를 나누라고 말씀하신다(막 10:17-21, 딤전 6:17-18). 또한 순종함으로 인해 그리스도인들에게 핍박이 닥쳤다(마 5:11-12, 딤후 3:12, 벧전 1:6). 예수님은 재산 축적에 대해 반대하시며(눅 12:15, 12:16-21) 재산을 포기한 사람들에 대해 칭찬하신다(눅 19:1-10). 또 검소한 생활을 권고하시며(마 8:20, 눅 9:3), 부자를 비판하신다(눅 8:4-15, 눅 18:25).

구약의 부와 축복은 그리스도께서 주시는 은혜와 영원한 상급에 대한 상징이고 모형이며 그림자이다. 구약의 성도들에게 약속된 물질적인 축복은 하늘나라의 축복을 상기시켜 주지만 결코 그것을 대체할 수 없다. 신약의 새 언약은 이스라엘에 약속한 일시적인 유산이 아니라 영원한 유산을 가져다 준다(히 9:15). 우리가 더 이상 동물로 제사 드리지 않는 것은 하나님의 어린양이 오셨기 때문이다. 우리가 더 이상 성전을 예배하지 않는 것은 우리 자신이 성령께서 거하시는 하나님의 성전이기 때문이다(마 16:16-18). 또한 우리가 더 이상 제사장에게 가지 않는 것은 그리스도가 우리의 대제사장이고, 우리 자신이 제사장임을 믿기 때문이다. 우리가 더 이상 물질적인 부유함을 우선적으로 추구하지 않는 이유는 그리스도 안에 있는 영적 부유함이 우리들의 것이기 때문이다. 따라서 진정한 부와 축복은 모든 좋은 것의 원천이신 예수 그리스도 그분이고, 그분이 주시는 은혜와 상급임을 신약은 말씀하고 있다.

▣ 그리스도인의 고난

예수의 제자들이 "랍비여 이 사람이 맹인으로 난 것이 누구의 죄로 인함이니이까 자기니이까 그의 부모니이까"(요 9:2)라고 물었던 것은 기복신앙을 전제로 한 것이다. 이에 예수께서는 "이 사람이나 그 부모의 죄로 인한 것이 아니라 그에게서 하나님이 하시는 일을 나타내고자 하심이라"(요 9:3)고 하셨다. 다른 말로 하면, 하나님께서는 이 사람의 역경에 대해 보다 높은 목적을 갖고 계시므로, "선한 일을 하면 부자가 되고, 나쁜 일을 하면 고통을 받는다"는 단순하고 좁은 범주 안에 하나님의 능력과 복을 국한시키지 않고 있다. 그렇다면 하나님께서 당신의 자녀들에게 어려운 상황과 고난을 허락하시는 이유는 무엇일까?

1) 하나님의 목적을 이루시기 위해서다.

소년 요셉이 시기하는 형제들에 의해 애굽에 종으로 팔려가고, 억울한 누명을 쓰고 옥에 갇히며 고난 가운데 있었지만 후에 기근 가운데 이스라엘을 구하는 예비된 사건의 중심에 있게 되었다. 찾아온 형제들에게 그는 이렇게 말한다.

"당신들이 나를 이곳에 팔았다고 해서 근심하지 마소서 한탄하지 마소서 하나님이 생명을 구원하시려고 나를 당신들보다 먼저 보내셨나이다… 그런즉 나를 이리로 보낸 이는 당신들이 아니요 하나님이시라 하나님이 나를 바로에게 아버지로 삼으시고 그 온 집의 주로 삼으시며 애굽 온 땅의 통치자로 삼으셨나이다"(창 45:5-8, 50:20).

2) 하나님의 자녀들을 훈련시키기 위함이다.

하나님께서는 어려운 시간들과 환경을 통해 우리가 죄를 떠나 하나님의 깨끗한 그릇으로 거듭나게 하신다.

"우리가 환난 중에도 즐거워하나니 이는 환난은 인내를, 인내는 연단을, 연단은 소망을 이루는 줄 앎이로다"(롬 5:3-4).

바다에 드리워진 적조현상은 폭풍이 몰려와 갈아엎어야 깨끗해진다. 힘든 상황은 우리를 정결하게 한다.

"보라 내가 너를 연단하였으나 은처럼 하지 아니하고 너를 고난의 풀무불에서 택하였노라"(사 48:10).

하나님은 고난을 통해 우리를 강하게 만드시고 겸손하도록 훈련시키신다. 그 겸손이 간절하고 뜨겁게 기도하게 만들고 하나님께로 가까이 이끈다.

기복신앙을 신봉하는 사람들은 그들의 건강과 재산을 잃으면 자신들의 믿음까지 잃는 경우가 종종 있다. 그리고는 자기가 알지 못하는 죄를 지었음에 틀림없다는 결론을 내린다. 그것을 발견하고 고백하기만 하면 건강과 재산을 되찾아 올 수 있다고 믿는다. 또 다른 불신앙의 자세는 복을 주시겠다던 하나님의 약속이 틀렸으므로 하나님을 믿을 수 없다거나 하나님에게 버림 받았다는 생각이다. 욥의 아내는 "하나님을 욕하고 죽으라"고 했지만 욥은 기복신앙의 천박성을 다음과 같이 고발하며 반문한다.

"우리가 하나님께 복을 받았은즉 화도 받지 아니하겠느냐 "(욥 2:9-10).

사실 의로운 사람들이 의로움에도 불구하고 고통을 당할 뿐 아니라 의롭기 때문에 고통을 당하는 경우가 자주 있다.

"그리스도 예수 안에서 경건하게 살고자 하는 자는 박해를 받으리라"(딤후 3:12). 그런데 우리가 만일 세상에 너무 잘 어울린다면 그것은 그리스도의 기준이 아니라 세상의 기준으로 살아가기 때문은 아닐까?

■ 하나님께서 우리를 부유하게 하시는 이유는 무엇일까?

하나님께 물질적으로 풍족한 복을 받은 사람도 많다. 하나님께서 많은 물질을 허락하셨을 때 다음의 질문을 묵상해 보아야 한다.

"왜 하나님께서 물질적 복을 주셨을까? 많은 소유로 무엇을 하기를 기대하시는가?"

"주라 그리하면 너희에게 줄 것이니 곧 후히 되어 누르고 흔들어 넘치도록 하여 너희에게 안겨 주리라 너희가 헤아리는 그 헤아림으로 너희도 헤아림을 도로 받을 것이니라"(눅 6:38).

성경과 경험 모두로 비추어 볼 때 하나님이 맡기신 것을 관대하게 나누는 사람들에게 물질적으로 복 주시는 것을 자주 보게 된다.

"이는 다른 사람들은 평안하게 하고 너희는 곤고하게 하려는 것이 아니요 균등하게 하려 함이니 이제 너희의 넉넉한 것으로 그들의 부족한 것을 보충 함은 후에 그들의 넉넉한 것으로 너희의 부족한 것을 보충하여 균등하게 하려 함이라"(고후 8:13-14).

하나님이 우리를 경제적으로 축복하시는 이유는 다른 사람보다 더 높은 생활수준을 유지함으로 하나님의 자녀인 것을 과시하라는 것이 아니라 다른 사람들과 풍족함을 나눔으로써 그분의 자녀임을 보여 주라는 것이다. 이것이 진정한 평등의 의미이다.

성경에는 아브라함, 이삭, 야곱, 요셉, 욥 등 부자들이 많다. 그러나 이들은 부자가 되기를 열망하지 않았고 재산을 자랑하거나 의지하지도 않았다. 하나님을 사랑하고 순종한 결과로 부자가 되었다. 그러나 부자가 된 사람이 받을 자격이 없음에도 하나님이 선물로 주신 축복을 자신의 공로로 돌리기 시작할 때 마귀가 좋아하는 교만과 자만의 죄를 짓게 된다. 이에 관해 호세아는 이렇게 말한다.

"그들이 먹여 준 대로 배가 불렀고 배가 부르니 그들의 마음이 교만하여 이로 말미암아 나를 잊었느니라"(호 13:6).

이스라엘 민족은 배불리 먹게 되고 부자가 되었을 때 눈을 돌려 다른 신을 섬기고 하나님을 업신여기게 되었다(신 31:20, 32:15). '축복을 주신 분'을 잊고 '축복 그 자체'에 매달릴 때 저주의 길로 들어선다.

▣ 보물을 발견했다면 어떻게 해야 하나?

"천국은 마치 밭에 감추인 보화와 같으니 사람이 이를 발견한 후 숨겨 두고 기뻐하며 돌아가서 자기의 소유를 다 팔아 그 밭을 사느니라"(마 13:44).

이 사람은 밭에 감추어져 있는 엄청난 보화의 가치를 눈으로 보고 나서 그것을 얻기 위해 '자기가 가지고 있는 모든 것'을 팔았다. 이러한 희생이 그에게 고통스러웠을까? 아니면 보물을 얻기 위해 소유 전부를 판 그가 측은하게 느껴지는가? 전혀 그렇게 생각하지 않을 것이다. 자신의 소유보다 그 보물이 훨씬 더한 가치를 지녔다는 것이 자명했기 때문에 그는 너무나 기뻐하며 모든 소유를 팔았다. 즉, 보물을 발견한 순간 지금까지 소중하게 여겼던 모든 것이 무가치하게 보였다.

당신은 보물을 발견했는가? 변하지 않고, 영원하고, 목숨을 걸 만큼 가치가 있는 보물 말이다. 이것은 예수 그리스도와 그분의 은혜뿐이다. 예수 그리스도는 우리를 너무나 사랑하시고 영원한 생명을 주기 원하신다. 그런데 인간은 하나님으로부터 독립선언(이것이 죄다)을 하고 내 마음대로 살겠다고 아버지를 떠났기 때문에 염려와 좌절과 절망에 빠지게 되었다. 이런 인간을 구원하시기 위해 예수께서 십자가에 죽으시고 "영접하는 자 곧 그 이름을 믿는 자들에게는 하나님의 자녀가 되는 권세를 주셨으니"(요 1:12)라고 초대하고 계신다. 어떻게 하겠는가? 이 "비교할 수 없이 소중한 보물"을 개인적으로 받아들이겠는가, 아니면 없어져 버리는 일시적인 가짜 보물에 인생을 걸겠는가? 진짜 보물은 예수 그리스도를 당신의 구세주와 주인으로 모시는 결단의 기도를 통해 얻을 수 있다.

"주 예수님, 나의 죄를 용서하고 영원한 생명을 주기 위해 십자가에 죽으신 예수 그리스도를 믿습니다. 당신께서 나의 구원을 위해 대가를 지불하고 나를 사셨으므로 나의 모든 것의 주인이심을 고백합니다. 내 마음 중심에 오셔서 왕으로 주인으로 나의 모든 것을 다스려 주시옵소서. 내 죄를 용서하시고 영원한 생명을 주시며 나의 아버지와 주인 되신 것을 감사드립니다."

영원한 생명을 소유한 사람은 보물을 하늘에 쌓는다.

"너희를 위하여 보물을 땅에 쌓아 두지 말라 거기는 좀과 동록이 해하며 도둑이 구멍을 뚫고 도둑질하느니라 오직 너희를 위하여 보물을 하늘에 쌓아 두라 거기는 좀이나 동록이 해하지 못하며 도둑이 구멍을 뚫지도 못하고 도둑질도 못하느니라 네 보물 있는 그 곳에는 네 마음도 있느니라"(마 6:19-21).

위 구절의 주된 관심사는 세상의 재물을 포기하라는 것이 아니라 하늘나라에 보물을 쌓으라는 것이다. 이 땅에 보물을 쌓지 말라는 이유는 그것이 나쁘다기보다는 어리석은 행동이기 때문이다. 다시 말해, 하늘나라에 보화 쌓는 일을 일생의 전략으로 삼으라는 뜻이다. 어떤 사람은 하늘나라에 투자하지 않으면서 이 땅의 재물을 몽땅 포기하기도 하지만 하늘나라에 쌓지는 못한다. 예수께서는 금욕주의자나 은둔주의자가 아니라 영원을 추구하는 투자자를 찾으신다. 이 땅에 보물을 쌓지 말라고 경고하신 것은 단순히 잃어버릴 가능성 때문이 아니라 확실히 잃어버릴 수밖에 없기 때문이다.

지금 당신의 상황은 어떤가? 나이를 먹어가는 것이 두려운가, 아니면 나의 보물이 있는 곳으로 가까이 가기 때문에 기대와 기쁨이 있는가? 현재 나의 보물이 이 땅에는 너무 많고 저곳에는 너무 적지는 않은가?

시간이 지날수록 보물과 멀어지는 사람,
보물과 가까워지는 사람

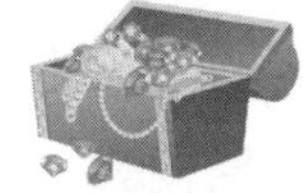

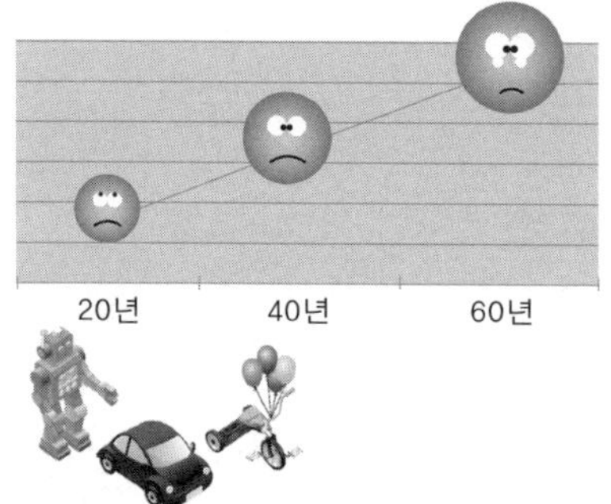

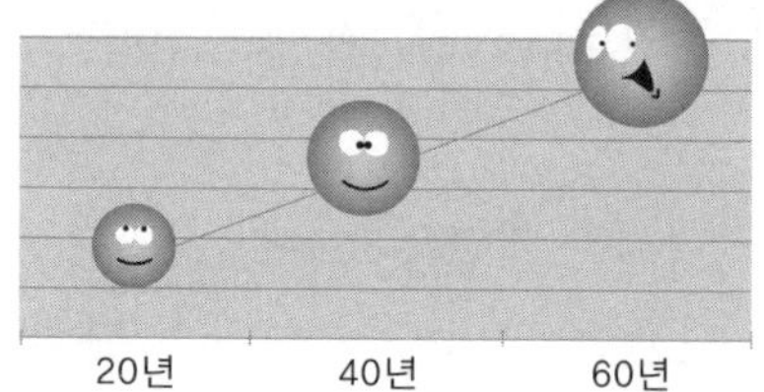

우리가 진정으로 가져야 할 태도는 돈을 십자가에 못 박아 죽이는 것이 아니고 서커스의 사자를 길들이듯이 훈련되고 절제된 마음으로 조심스럽게 다루는 것이다. 돈은 일시적으로 통제될 수 있지만 조금만 방심하면 사람들에게 덤벼드는 맹수라는 사실을 잠시도 잊어서는 안 된다. "우리가 돈과의 싸움에서 실패하는 주된 이유는 우리와 싸우는 권세와 정사의 도구로서의 돈이 얼마나 두려운 존재인지 믿지 않거나 잊어버리는 우리의 자만심과 순진성 때문이다."(존 스터드)

※ 실전 적용과제 : 가계부 작성

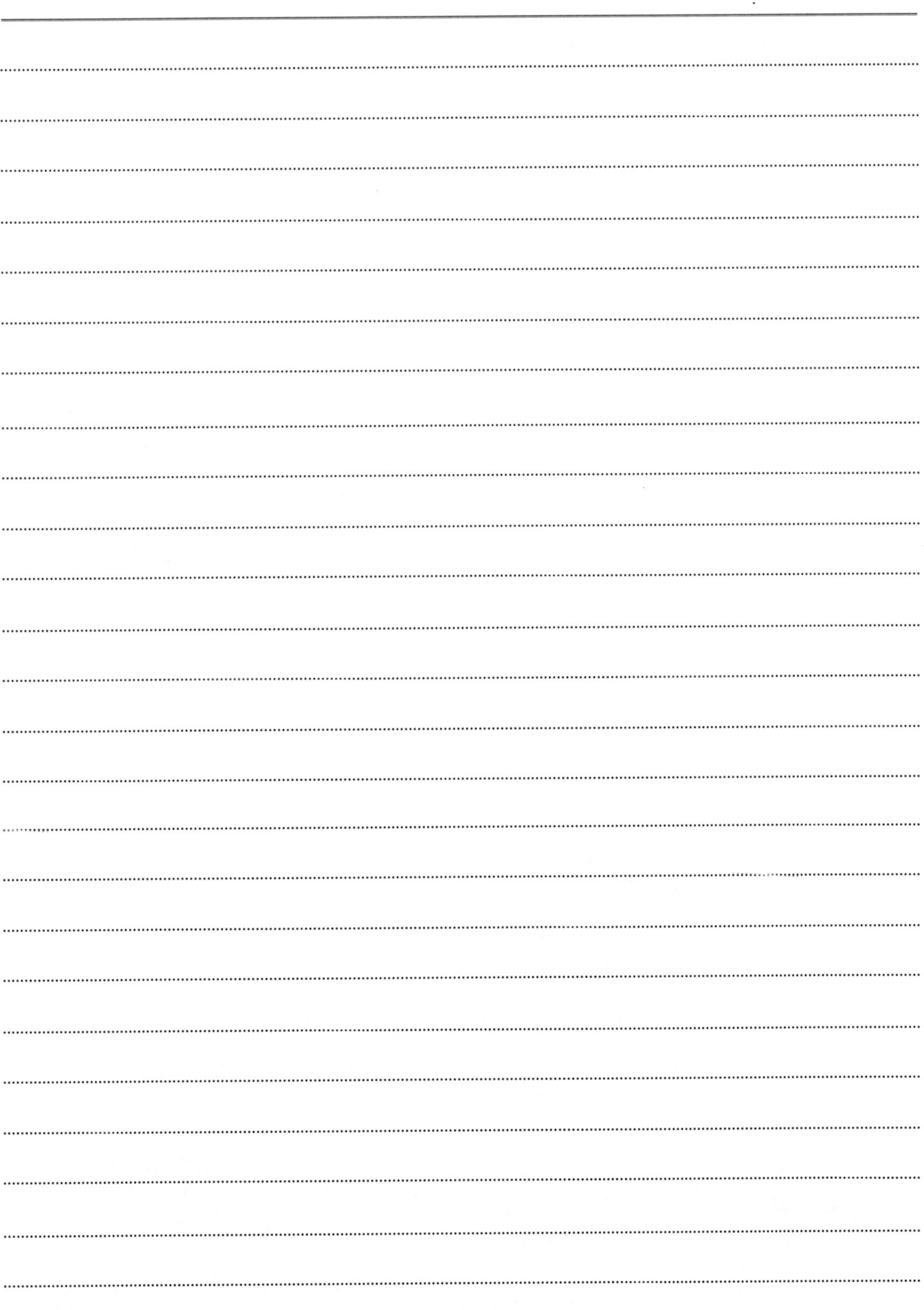

1. 기복 신앙이 무엇이며 그것의 문제점은 어떤 것이 있습니까?

- 물질의 풍요가 하나님의 축복이 아닌 경우가 있나요?

2. 다음 구절들은 물질적인 부와 하나님의 축복 사이를 관련지어 묘사하고 있습니다. 그들에게 복이 임할 수 있었던 핵심 단어나 문장을 찾아보세요.
 - 아브라함(창 13:1-7)

 - 이삭(창 26:12-14)

 - 요셉(창 39:2-6)

 - 욥(욥 42:10-17)

 - 위 인물들의 공통점이 있습니까?

3. 그리스도인들만이 부유함을 누린 사람들은 아닙니다. 부유함이 곧 영성을 의미하는 것이 아님을 어떻게 보여 주는지 아래 구절을 읽고 설명하세요.
 - 시 37:35-36

 - 전 7:15

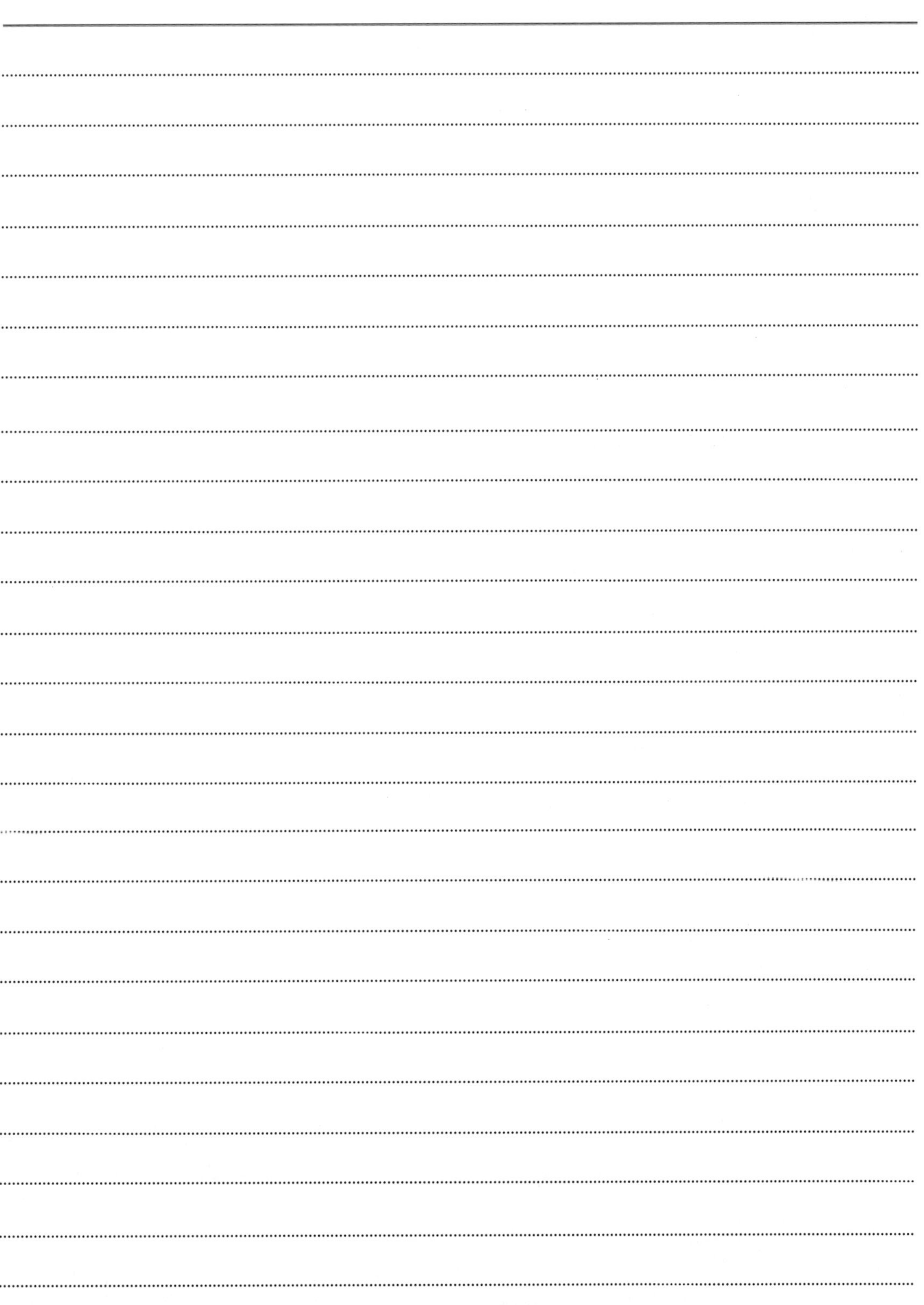

4. "구약의 선조들처럼 신실한 하나님의 사람들은 물질의 복을 받게 마련이다"라는 말에 대해 어떻게 생각하십니까?

5. 지금 어려움 가운데 있든지 어려웠던 경험이 있습니까? 고난을 통해 얻은 유익이 무엇입니까?

6. 왜 하나님께서 우리에게 물질적인 복을 주셨을까요? 그 많은 소유로 우리가 무엇을 하기를 기대하십니까? (눅 6:38, 고후 8:13-14)

7. 예수님은 어떤 근거로 이 땅에 보물을 쌓지 말고 하늘나라에 보물을 쌓으라고 말씀하시는 것일까요? (현명하거나 어리석은 관점에서 살펴보세요.) (마 6:19-20)

8. 빌 3:7-11을 읽으세요.
- 이 세상의 '보물'에 대해 바울은 무엇이라 말하고 있습니까?

- 어떤 면에서 그리스도께서 당신에게 '보물'인가요?

1과 가계부

날짜	소득	첫열매 나눔	세금	빚 상환	저축	주거비	음식생활비	의복비
예산								
1								
2								
3								
4								
5								
6								
7								
8								
9								
10								
11								
12								
13								
14								
15								
16								
17								
18								
19								
20								
21								
22								
23								
24								
25								
26								
27								
28								
29								
30								
31								
합계								
+/−								

통신비	교통차량	의료비	보험료	자녀양육비	오락 외식	경조 선물	잡비		

1. 목표

하나님은 우주와 나를 소유하고 계신다. 하나님이 나의 주인 되심을 범사에 인정하고, 모든 삶의 영역에서 청지기로 살아가도록 한다.

2. 암송구절

"한 사람이 두 주인을 섬기지 못할 것이니 혹 이를 미워하고 저를 사랑하거나 혹 이를 중히 여기고 저를 경히 여김이라 너희가 하나님과 재물을 겸하여 섬기지 못하느니라"(마 6:24).

3. 들어가는 말

소유에 관한 법률적 정의는 물건을 전면적 일방적으로 지배하는 것을 말한다. 그리고 청지기란 히브리 원어는 "집의 위에 있는 자"란 뜻으로 주인의 가사 전반을 돌아보고 관리하는 사람을 말한다(창 43:16, 19, 44:1,4). 복음서에서는 노동자의 감독, 혹은 자산을 관리하는 자를 말하고, 서신서에서는 그리스도인을 나타내는 말로 쓰였다(고전 4:1, 벧전 4:10).

성경에서 "마음을 높이지 말라"(딤전 6:17)는 말은 눈에 보이는 소유나 명예에 약한 인간 본성에 대한 경고의 말씀이다. 물질만능주의 세상에서 재물을 허락하신 하나님보다 재물 그 자체를 더 신뢰하여 교만하며 하나님으로부터 독립하려는 사람들이 너무 많다. 그렇다면 이 세상에 살지만 그리스도를 주로 믿고 사는 천국 백성인 우리들은 어떠해야 하는가? 성경에 "정함이 없는 재물에 소망을 두지 말고"(딤전 6:17)라고 한 것은 세상의 재물을 소유하고 있더라도 영원히 가지고 있을 보장이 없기 때문은 아닌가? 다른 것과 마찬가지로 재물은 하나님의 소유이다. 우리는 단지 그의 청지기일 뿐이다. 청지기는 주인의 뜻과 지시에 따라 행동하는 사람이다.

 ## 4. 들어가는 질문

1) 당신은 당신의 삶에서 주인과 청지기 중 어디에 가까운가?

2) 하나님이 당신에게 청지기의 역할로 돌아가라고 한다면 순종하겠는가?

||||||||||||||||||||||||||||||||||||||||||||||||||| **본 문** |||||||||||||||||||||||||||||||||||||||||||||||||||

▣ 재물과 구원

마태복음 6장 24절에서 언급한 '재물'을 킹제임스 번역에서는 '맘몬(mammon)'으로 표시했다. 이 맘몬이란 단어의 정확한 의미는 '적그리스도(anti-Christ)'다. 전치사 'anti-'는 '···에 반대하여'라는 의미라기보다 '···대신에'라는 뜻이다. 따라서 적그리스도는 '그리스도를 반대하고 저항하는 사람'이라기보다 '그리스도를 대체하는 사람'이라는 뜻이다.

"우리의 씨름은 혈과 육을 상대하는 것이 아니요 통치자들과 권세들과 이 어둠의 세상 주관자들과 하늘에 있는 악의 영들을 상대함이라"(엡 6:12).

이 말씀처럼 권세에 속한 맘몬은 사람들로 하여금 돈을 사랑하고 신뢰하게 하며, 돈과 재물에 힘이 있다고 믿게 하여 하나님 대신에 자신이 경배 받기를 원하는 존재이다. 자신이 하나님 대신에 왕좌에 앉아 지배하기를 원한다. 그러나 하나의 왕좌에 두 주인을 모실 수 없다. 두 주인을 섬기지 못한다고 말씀하신 것은 두 주인을 섬기는 것이 '어렵다'는 것이 아니라 '불가능'하다는 뜻이다. 하나님께서 우리에게 말씀하신다.

"너희가 섬길 자를 오늘 택하라"(수 24:15). 하나님과 돈을 둘 다 가지고 있을 수 있지만, 하나님과 맘몬신을 동시에 섬길 수 없는 이유가 여기에 있다.

우리 그리스도인들에게 '구원'은 영원을 향한 새로운 삶의 시작이다. 누가복음 19장에서 삭개오는 예수를 만나 기쁨으로 영접한 후 자기 재산의 반을 팔아 가난한 사람에게 나누어 주고, 부정하게 속인 것에 대해서는 네 배로 갚겠다고 했다. 이 때 예수께서는 단순히 "참 좋은 생각이야"라고 말씀하지 않으시고 "오늘 이 집에 구원이 이르렀으니"라고 하셨다. 예수께서는 하나님의 영광과 다른 사람의 유익을 위해 자기의 돈을 사용하겠다는 삭개오의 자발적인 마음과 열심을 통해 구원의 실재와 구원 받은 자의 증거를 보셨다. 구원을 통해 영원한 생명을 얻게 된 사람이 자신이 가장 귀하게 여겼던 것들을 내려놓음으로 그 삶의 주인이 더 이상 물질이나 소유가 아닌 그리스도임을 고백했다.

이와 반면에 계명을 다 지켰다고 자부하는 부자 청년이(마 19:16-30, 눅 18:18-30) 어떻게 하면 영원한 생명을 얻을 수 있는지 예수께 물었을 때, "네가 온전하고자 할진대 가서 네 소유를 팔아 가난한 자들에게 주라 그리하면 하늘에서 보화가 네게 있으리라 그리고 와서 나를 따르라"(마 19:21)고 대답하셨다. 가진 재물이 많은 청년은 이 말을 듣고 근심하며 돌아갔고 "부자는 천국에 들어가기가 어려우니라"(마 19:23)고 예수께서 말씀하셨다. 예수께서는 이 부자 청년에게 재물이 곧 신이라는 것을 아셨다. 부자가 천국에 들어가는 것이 어려운 이유는 재물이 많아서가 아니다. 그가 가진 것을 포기(하나님의 소유로 인정함)할 수 없기 때문이다. 부자 청년은 영생을 알고 그것을 얻기 원했지만 가진 것을 포기하고 따라야 하는 결단을 내릴 수 없었다. 예수께서 삭개오가 자신의 재산을 기꺼이 버리려는 것으로 그의 영적 상태를 평가하신 것처럼, 자신의 소유를 결코 버리지 않으려는 부자 청년의 태도에서 그의 진정한 영적 상태를 간파하셨다. 이렇듯 예수께서는 두 사람의 속마음을 아신 것처럼 우리의 속마음을 아시고 중심과 영혼을 살피신다. 에베소의 마술사들은 오늘날 약 600만 달러에 해당하는 마술 책들을 기꺼이 태움으로써(행 19:18-20) 영적 회개를 했다. 초대 교회 그리스도인들의 삶에 나타난 변화의 깊이는 다른 사람들의 필요를 채우기 위해 돈과 소유를 기꺼이 드리는(행 2:44-45, 4:32-35) 결단으로 나타났다. 예수님은 돈과 소유의 속박을 깨고 하나님만을 주인으로 삼아 구원 받은 자로서 그에 합당한 삶을 살라고 우리를 부르신다. 따라서 돈과 소유를 성경적으로 다루지 않으면서 영적으로 산다고 말할 수 없다.

◾ 삶의 목적과 수단

우리의 사는 목적은 '하나님을 영화롭게 하고 그분을 기쁘게 하는 것'이다(고전 10:31). 따라서 우리에게 주어진 물질과 소유들은 이 목적을 위해 사용되는 도구와 수단이다. 하지만 삶의 목적이 물질과 소유를 획득하여 누리는데 있다면 우리는 하나님을 그 목적을 이루기 위한 수단으로 여기게 된다. 소득의 십일조, 가난한 사람을 위해 자신들의 재산을 희생적으로 나누었던 공동체의 교제, 그리스도인 사이에는 이자를 받으면 안 된다는 말씀, 빚에 대한 경고, 욕심으로 재산을 축적해서는 안 된다는 등의 성경의 가르침을 오늘날 나와는 상관이 없고 시대에 맞지 않는 원리라고 믿는 사람들이 너무 많다.

당신의 마음은 어디에 있는가? 주님은 "네 보물 있는 그 곳에는 네 마음도 있느니라"(마 6:21)고 하신다. 우리의 소유물로 하는 행동이 바로 우리의 관심사다. "너의 수표장부와 신용카드 내역서, 현금지출 영수증을 보여 주면 네 마음이 어디에 있는지 말해 줄 수 있다"고 예수께서 말씀하신다. 돈의 사용 내역은 결코 우리를 속이지 않는다. 우리가 진정으로 가치를 두는 것이 무엇인지, 우리의 왕이 누구인지, 삶의 목적이 무엇인지 분명하게 보여 준다. 오늘날 이혼 사유의 70%가 재정문제와 관련이 있는데서 알 수 있듯이 돈과 소유의 문제는 우리의 영적인 생활뿐만 아니라 가정의 일체감에도 심각한 도전을 준다.

우리가 언젠가 주님 앞에 서게 될 때, 돈과 소유를 어떻게 다루었는지 말하지 않고 어떻게 제자의 삶을 잘 살았다고 말할 수 있겠는가? 그리스도께 사람을 인도하는 기쁨에 견줄 만한 기쁨 중의 하나가 돈과 소유를 가지고 지혜로운 결정을 하고, 자비로운 선택을 하는 것이다. 이것은 최고의 예배 행위이고, 청지기로 지음 받은 존재의 목적이다.

"너희는 이 세대를 본받지 말고 오직 마음을 새롭게 함으로 변화를 받아 하나님의 선하시고 기뻐하시고 온전하신 뜻이 무엇인지 분별하도록 하라"(롬 12:2).

▣ 청지기직

하나님께서 천지만물을 지으셨고(창 1:1), 우리를 만드셨으며(창 1:27), 우리로 하여금 그의 지으신 것들을 다스리게 하셨다(창 2:15). 이 말씀들은 우리가 소유주가 아닌 청지기임을 아는 것이 소유에 대한 올바른 태도를 가질 수 있는 출발점임을 보여 준다.

'청지기'란 다른 사람의 부나 재산을 위탁받아 그것을 주인에게 가장 이익이 되도록 관리할 책임을 맡은 사람이다. 청지기의 주된 목표는 주인의 자원을 사용하여 그에게 위임된 일을 완수하고, 주인에게 충성된 사람으로 인정받는 것이다(고전 4:2). 그러므로 우리는 소유주가 아니며 하나님이 이 땅에서 잠시 맡기신 하나님의 자산을 관리하는 사람임을 인식하고 살아야 한다.

하나님은 단지 우주만 소유하고 계신 것이 아니라 당신과 나를 소유하고 계신다. 성경에서 소유권을 우리에게 넘겨주셨다는 것을 제시하는 구절은 단 하나도 없다(신 10:14, 레 25:23, 대상 29:11-12, 욥 41:11, 시 24:1-2, 시 50:10-12, 학 2:8). 따라서 돈과 소유를 어떻게 다루는지 보면 소유주가 하나님인지 우리 자신인지 알 수 있다. 하나님은 창조주로서 모든 것의 주인이실 뿐 아니라 분배자로서 그의 재산을 우리에게 얼마만큼 맡기실 것도 결정하신다. 그는 모든 일을 주관하시는 주권자이시고(대상 29:11), 우리의 모든 필요를 채우시는 공급자이시다(마 6:33). 그러므로 우리가 하나님의 하나님 되심을 범사에 인정하고, 나의 삶이 온전히 그 분의 섭리 안에 있음을 고백할 때에 비로소 스스로 주인 행세함으로 누리지 못했던 진정한 자유와 평안을 얻을 수 있다.

1) 예수께서 말씀하신 청지기 비유

- 지혜로운 청지기 비유(눅 16:1-13)는 우리 각자에게 허락하신 재정, 은사, 기회들을 세상 사람들에게 영향을 끼치는데 사용하여 우리 자신의 영원한 미래를 준비해야 한다고 가르친다.

- 달란트 비유(마 25:14-30)는 하나님이 우리 각자에게 각기 다른 재산, 은사, 그리고 기회를 맡기셨고, 이 땅의 삶에서 그것들의 관리 책임이 있음을 보여 준다. 그분의 재산을 지혜롭게 잘 투자함으로 그분의 왕국이 확장되는데 쓰임 받고 주인의 다시 오심을 준비하라고 하신다.

- 열 므나의 비유(눅 19:11-27)는 동등한 은사와 재산, 기회를 부여받은 사람들이 하나님 나라를 위해 그것들을 어떻게 투자하여 얼마나 충성되고 부지런하게 일했는지에 따라 심판받을 것과 결과적으로 하늘나라에서 각기 다른 권한을 갖게 될 것을 보여 준다.

2) 청지기직의 교훈

청지기의 임무는 맡겨진 주인의 재산을 지혜롭게 돌보고 늘리는 일이다. 소유권이 주인에게 있다는 확실한 인식이 없는 종이 청지기직을 올바르게 수행하는 것은 불가능하다. 청지기에게 요구되는 자질을 살펴보자.

- **책임감:** 재산을 소유한 것이 아니므로 주인의 것에 대한 책임이 있다. 주인의 이익을 위해 자산을 관리하고, 관리하는 재산에 대한 권리를 주장할 수 없다. 주인의 부재는 더 많은 책임을 맡을 수 있는지 증명할 수 있는 도전이며 기회이다.

- **충성심:** 많은 유혹이 따르는 가운데서도 주인의 재산을 주인이 기뻐하는 방법으로 성실히 다루어야 하므로 청지기에게 요구되는 중요한 자질은 신실함과 정직이다.

- **부지런함:** 열심히 일하고 형편을 잘 살펴야 한다.

- **투자에 지혜가 있어야 함:** 주인의 자산을 관리하고 있으므로 투자 대상을 주의 깊게 선택해야 한다.

- **주인의 귀환에 대한 준비성:** 매일 주인이 오늘 귀환할 것처럼 대비하며 살아야 한다.

- **주인에 대한 두려움:** 주인에 대한 건강한 두려움은 청지기직을 잘 수행할 수 있도록 동기부여를 한다. 우리에게 있는 오직 한 주인의 심판과 비교하면 다른 모든 사람의 평가는 중요하지 않다.

- **주인 앞에 개인적으로 서게 됨:** 주인은 공정한 평가를 하신다. 각 종들의 노력이 다른 사람의 무능력이나 훼방에 의해 손상되지 않을 것이다. 어떤 것도 속일 수 없는 분 앞에서 결산할 준비를 해야 한다(히 4:13).

청지기로서 하나님의 자산을 매일의 삶에서 어떻게 다루느냐는 영원한 삶에 직접적인 영향을 준다. 영원의 추수법칙은 물리학의 법칙보다 확실하다.

"스스로 속이지 말라 하나님은 업신여김을 받지 아니하시나니 사람이 무엇으로 심든지 그대로 거두리라"(갈 6:7).

바른 동기로 충성되게 일한 청지기에게는 영원한 보상이 주어진다. 보상은 잘 믿었다거나 말을 잘해서 얻는 것이 아니라 일을 잘 했을 때 주어진다. 일생의 부르심인 청지기직을 수행함에 있어 늘 점검할 것은 '주인이 나를 어떻게 생각하시는가' 이다. 예수께서는 세상의 재물을 멀리하라고 하지 않고, 그것을 전략적으로 사용하라고 하셨다. 그것을 사용하여 "친구를 사귀라 그리하면 그 재물이 없어질 때에 그들이 너희를 영주할 처소로 영접하리라"(눅 16:9)고 하셨다. 돈은 도구가 될 수 있지만 이 땅에서 생명이 있을 때에만 사용할 수 있다. 이 땅을 떠나고 나면 그리스도를 위하여 돈을 사용할 기회가 다시 오지 않는다.

3) 청지기에 대한 상급

우리 인생이 끝났을 때 그리스도 안에 있는 모든 믿는 사람들은 주님 앞에서 각자의 삶에 대한 보고를 해야 한다고 분명하게 말씀하고 있다. 이는 우리가 청지기직을 어떻게 수행했는지 주인과 대면하여 결산할 날이 반드시 온다는 뜻이다(롬 14:10-12).

"너희가 만일 남의 것에 충성하지 아니하면 누가 너희의 것을 너희에게 주겠느냐"(눅 16:12).

이 말은 현재는 청지기로 다른 사람의 재산을 관리할 책임이 있지만, 그 역할을 충성스럽게 잘 감당하면 영원한 하늘나라에서 우리의 이름으로 큰 상급을 받게 될 것을 암시하고 있다. 예수께서는 "너 자신을 위해 하늘나라에 보물을 쌓으라"고 하시며 이 사실을 확인해 주셨다. 만일 우리가 이 세상에서 살 동안 돈과 소유에 대해 좋은 청지기가 되지 못하면 하늘나라에서도 상급이 없다. 그러나 이 세상에서 맡겨 주신 것들을 잘 관리하면 하늘에서 우리의 상급도 크다.

> 진정한 성공은 하나님이 인정하시고 칭찬하시는 성공이다. 하나님이 좋아하시는 것을 좋아하고, 싫어하시는 것을 싫어하고, 원하시는 것을 행하는 것이 진정한 성공이다. 진정한 부자는 이 땅에 많은 재산목록을 가지고 있는 사람이 아니라 하늘나라 구좌에 예금이 많이 된 사람이다. 정말 성공했는지의 여부는 이 땅에서 정해지지 않는다. 언젠가 우리 인생을 마치고 주님 앞에 섰을 때 그 분이 말씀해 주실 것이다.

※ 실전적용과제 1 : 소유권 양도각서 작성

※ 실전적용과제 2 : 개인 재정현황 작성

1. 돈과 소유에 대한 나의 태도와 그것을 다루는 방법이 하나님과의 관계에 어떤 영향을 미치나요?

2. 마 19:16-30을 읽으세요.

   (1) '계명을 지키는 것'과 '나를 부인하고 주를 따르는 것'은 무슨 뜻입니까?

   (2) 하나님을 섬긴다 하면서 돈을 내 맘대로 사용하는 것이 옳은 것입니까? 아니라면 이유는 무엇입니까?

3. 열므나 비유에서 청지기직에 대한 어떠한 통찰력을 얻을 수 있습니까? (눅 19:11-27)

4. 청지기직에 대한 테스트는 그분의 돈으로 무엇을 해야 하는지 보여 달라고 하나님께 간구하는 우리의 자세로 가름할 수 있습니다. 최근에 이렇게 한 예가 있습니까?

5. 눅 16:10-12을 읽고 '세상의 것'을 의미하는 것에는 붉은 색으로, '하늘의 것'을 의미 하는 것에는 파란색으로 표시해 보세요.

6. 이 세상에서 행하는 것이 우리의 미래와 어떻게 연관이 됩니까?

7. 나는 사람들로부터 "크게 성공했다"라는 말을 들으려 살고 있나요, 아니면 하나님께 "잘 하였도다, 착하고 충성된 종아"라는 말을 들으려 살고 있나요?

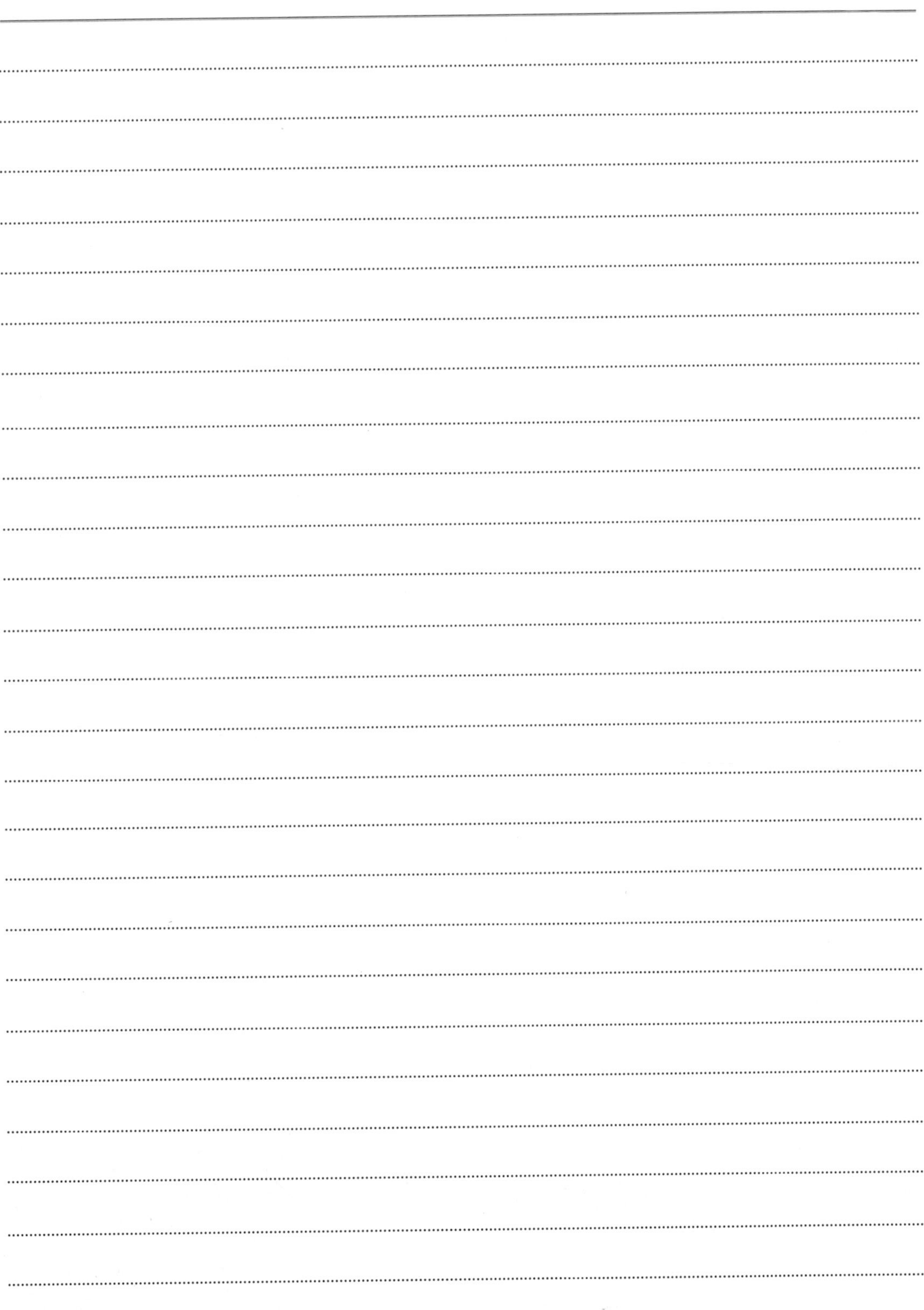

소유권 양도각서

날짜 _______________

    나는 이제 나 자신과 나의 돈과 소유, 그리고 가족과 사랑하는 사람들을 포함하여 내가 가졌다고 생각하는 다른 모든 것의 소유권이 하나님께 있음을 인정합니다. 그분이 가지라고 하면 그것으로 즐기고, 다른 곳에 나눠 주기를 원하시면 나눠 주는 하나님의 위탁받은 청지기로 나 자신을 볼 것입니다. 이제 후로는 나의 모든 소유물들이 그가 원하시는 대로 사용되어져야 하는 자산으로 생각할 것입니다. 그분이 그의 자산을 하나님 나라의 확장을 위해 어떻게 투자하기 원하시는지 나의 주인에게 항상 묻고, 기도하는 마음으로 신중하게 행동할 것입니다. 그렇게 함으로 일시적이며 세상적인 보물을 포기하는 대신, 하나님의 관점에서 섬김과 드림과 나눔을 실행하여 더 좋아진 시각과 더 줄어든 걱정뿐만 아니라 영원한 보물을 보상으로 얻게 되기를 원합니다.

서명: _______________

증인:..............

증인:..............

증인:..............

2과 개인 재정 현황

작성일 : (단위: 원)

자산		금액	부채		금액	이자율
현 금	보통예금		단기대출	단기 차입금		
	정기예금			한도대출		
	정기적금			신용카드		
	현 금			개인 차입		
	소 계			카드론		
				기타부채		
투 자	펀 드					
	채 권			소 계		
	주 식					
	MMF		장기대출	주택대출		
				자동차 대출		
	소 계			학자금 융자		
부동산	주거용주택					
	토 지					
	건 물			소 계		
	소 계		사업대출	부동산 대출		
				은행 대출		
기타 자산	자동차			임차 보증금		
	회원권					
	퇴직금			소 계		
	소 계		총 부채			
총자산			순자산			

총자산-부채 〉0 = +자산   총자산-부채 〈 0 = -자산

3 주차 이 땅에서 영원까지

1. 목표

인생의 진정한 성공은 영원까지 이어지는 성공이며, 이 땅에서의 삶은 영원한 운명을 결정하는 준비 기간임을 알게 하고, 청지기로서의 임무가 영원한 나라에 어떻게 연결되는지 알아본다.

2. 암송구절

"육체의 연단은 약간의 유익이 있으나 경건은 범사에 유익하니 금생과 내생에 약속이 있느니라"(딤전 4:8).

3. 들어가는 말

"바람을 주장하여 바람을 움직이게 할 사람도 없고 죽는 날을 주장할 사람도 없으며"(전 8:8)

우리가 죽는다는 사실은 피할 수 없다. 태어난 사람들의 100%가 죽는다는 것은 확실하고 변함이 없다. 죽음으로부터 도망치고 죽음을 부인하려고 애를 쓴다 하더라도 언젠가는 죽는 것을 막을 수 없고 그 시기는 하나님의 소관이다.

"풀은 마르고 꽃이 시듦은 여호와의 기운이 그 위에 붊이라"(사 40:7).

죽음에 대해 생각하는 것은 죽음을 재촉하는 것이 아니라 준비할 기회를 준다. 인생의 가장 확실한 것이 죽음이지만 끝은 결코 아니며 영원을 향한 출발점이라면 인생 그 이후의 삶을 준비하지 않는 것은 참으로 어리석은 행동이다. 영원을 준비하지 않고 이 땅에만 소망을 두고 여기에 자신의 전부를 쏟아 부은 인생은 허비한 삶이다. 이 땅에서 주인 되신 주님이 주신 시간, 재능, 재물을 어떻게 사용했는지에 따라 영원의 운명이 결정된다고 한다면, 이것이 돈과 소유를 향한 우리의 태도에 어떤 영향을 끼칠까 하는 것은 확실해진다.

 ## 4. 들어가는 질문

1) 죽음을 실감해 본 적이 있습니까? 언제였습니까?

2) 만일 한 달 있다가 죽게 된다면 지금 무엇을 하고 싶습니까?

3) 주님 앞에서의 칭찬과 상급을 위해 무엇을 준비하고 있습니까?

▣ 영원에 대한 감각

비행기로 장거리 여행을 할 때 사람들과 이야기하고 사귀며, 음식을 먹고, 책도 읽고, 잠도 자고, 어디로 가는지에 대해 대화할 수 있다. 그런데 창 쪽에 앉아 있던 승객이 창문에 새 커튼을 달고, 좌석 앞에 사진을 붙이고, 벽에 페인트칠을 하고, 벽걸이를 설치하기 시작한다면 당신은 어떻게 생각하겠는가?

"여보세요, 그렇게 긴 여행이 아니에요. 목적지에 도착하면 이 모든 것은 아무 소용없어요"라고 말하지 않을까? 아무리 긴 여행이라 하더라도 당신의 일생에 비하면 아주 짧은 기간일 뿐이다. 그리스도인들에게서 발견하는 놀라운 사실 중의 하나는 마치 영원이 없는 것처럼 혹은 이 땅에서의 삶이 영원한 삶과는 아무 상관이 없는 것처럼 습관적으로 생각하고 행동하는 사람들이 많다는 것이다.

최근에 천국과 지옥에 대한 설교를 들은 적이 있는가? 기억나는 것이 없다면 우리 교회와 목회자들은 천국이나 지옥이란 단어를 무겁고 무서운 주제라고 여겨 언급하는 것조차 부담스러워 하는 것은 아닐까? 그렇기 때문에 언제일지 모르는 미래보다는 현실의 세계에 집중하는 것은 아닌가?

우리가 신문이나 인터넷에 몰두하고 성경을 등한시하는 것은 장기적인 안목보다 단기적인 것에 관심이 있다는 것을 증명한다. 좋은 집이나 건물, 그럴듯한 직장, 화려한 쇼핑 정보 등이 영원한 세계와 어떤 관계가 있는지 생각조차 하지 않는다. 죽음 이후를 심각하게 고려하며 사는 삶은 오히려 이상하게 보이고, 비현실적이고 딴 세상에 사는 것처럼 보인다. 그래서 보고 듣고 만지고 느낄 수 있는 현실의 바쁜 일과로 돌아가 지금 가장 중요하고 시급한 일을 처리한다.

살 수 있는 날이 얼마 남지 않았다는 것을 알게 된 어떤 사람이 이렇게 말했다.

"가장 놀라운 변화는 물질적인 것에 대한 모든 대화에 흥미를 완전히 잃어버렸다는 사실이에요. 내가 이전에 소중하게 여겼던 소유물에 대해 더 이상 생각조차 하지 않게 되고 그리스도와 사람들에 대해서만 관심이 가게 됐어요. 매일 내가 살아 있다는 것과 곧 죽게 될 것을 아는 것이 얼마나 큰 특권인지 깨닫게 되었어요. 이것이 얼마나 큰 차이를 만들었는지 몰라요."

우리 인생의 가장 중심에 있는 사명은 다음 세계를 준비하는 것이다.

▣ 순례자 정신

성경은 우리의 정체성과 이 땅에서의 역할에 대해 자세히 말해 주고 있다.
- 우리의 시민권은 하늘나라에 있고, 이 땅에 있지 않다(빌 3:20).
- 우리는 이 땅에서 외국인이고, 방문자이고, 순례자이다(히 11:13).
- 우리는 이 땅에서 그리스도를 대표하는 대사들이다(고후 5:20).

베드로는 "외모로 보시지 않고 각 사람의 행위대로 심판하시는 이를 너희가 아버지라 부른즉 너희가 나그네로 있을 때를 두려움으로 지내라"(벧전 1:17)고 말한다. 우리는 이 땅에서 나그네와 외국인으로 살아간다. 이곳을 너무 편하게 여긴 나머지 돌아가야 할 나의 본국과 보냄 받은 임무를 망각한 쓸모없는 사람이 되어서는 안 된다. 히브리서의 저자는 순례자가 되는 것이 어떤 의미인지 이렇게 설명한다.

"믿음으로 아브라함은 부르심을 받았을 때에 순종하여 장래의 유업으로 받을 땅에 나아갈 새 갈 바를 알지 못하고 나아갔으며 믿음으로 그가 이방의 땅에 있는 것 같이 약속의 땅에 거류하여 동일한 약속을 유업으로 함께 받은 이삭 및 야곱과 더불어 장막에 거하였으니 이는 그가 하나님이 계획하시고 지으실 터가 있는 성을 바랐음이라"(히 11:8-10).

우리의 몸은 영원을 준비하며 일시적으로 거하는 '장막'이라고 말한다(벧후 1:13). 아브라함은 하나님의 약속이 영원의 세계에서 성취될 것과 그를 기다리는 도시는 세상의 어느 곳보다 훨씬 뛰어나다는 사실을 알았다. 구약의 위대한 성도들은 궁극적으로 일시적인 것 너머에 있는 영원을 본 사람들이었고 그들은 믿는 자의 모범이 되었다.

1) 순례자의 돈과 소유
레위인은 제사장으로서 세상적인 유산이 없었다. 그 이유는 하나님 자신이 그들의 유산이었기 때문이다(신 18:1-2). 오늘날 예수 그리스도로 말미암아 새 언약에 따라

제사장이 된 우리도 마찬가지이다(벧전 2:9). 우리의 것은 "썩지 않고 더럽지 않고 쇠하지 아니하는 유업을 잇게 하시나니 곧 너희를 위하여 하늘에 간직하신 것이라"(벧전 1:4). 우리가 이 땅에서 많이 가지면 가질수록 이곳의 시민이 아니라 다른 나라의 시민인 것을 잊기 쉽고, 우리의 유산이 이곳이 아닌 그 곳에 있음을 잊기 쉽다. 지나치게 부유함은 현재의 세상에 뿌리를 박게 만든다. 재정적인 책임과 빚은 쇠사슬처럼 우리를 꼼짝하지 못하게 땅에 고정시켜, 다른 곳에서 그 분을 섬기라는 하나님의 부르심에 반응하지 못하게 만들 수 있다.

2) 순례자의 정신과 금욕주의

순례자의 관점은 금욕주의와 어떻게 다른가? 순례자의 정신이 현재의 세상을 비뚤어지고 냉소적으로 보게 만들지는 않을까? 그러나 사실은 정반대다. 세상을 냉소적으로 보는 사람은 그리스도인 순례자가 아니라 물질만능주의자들이다. 이들은 오히려 세상의 것에서 만족을 얻지 못한다. 물질만능주의자들은 창조물의 기쁨과 경이로움을 풍성하게 감사할 수 없다. 창조주의 솜씨를 진정 아름답게 볼 줄 아는 사람들은 그리스도인이다. 어떤 사람도 창조주를 아는 사람보다 더 창조물에 대해 감사할 수 없다. 결혼을 설계한 사람과 결혼의 의미를(엡 5:31-32) 이해하는 사람보다 더 결혼을 즐길 사람은 없다. 진정한 의미에서 그리스도인 순례자는 두 세상의 최고를 가지고 있다. 이 세상이 오는 세상을 상기시켜 줄 때마다 우리는 기뻐한다. 행여 그렇지 못할 때도 우리는 위로를 받는다. 우리는 이 세상의 최악의 경험이 영원히 사라지는 새 하늘과 새 땅의 약속을 가지고 있다(계 21:4). 또한 새로운 세계에서는 이 세상 최고의 요소가 없어지는 것이 아니라 강화되고 완전하게 된다는 사실 또한 알고 있다.

"하늘나라를 목표하면 그것에 포함된 땅을 얻을 것이다. 땅을 목표하면, 둘 다 얻지 못할 것이다"(C. S 루이스).

"너희가 갇힌 자를 동정하고 너희 소유를 빼앗기는 것도 기쁘게 당한 것(이유)은 더 낫고 영구한 소유가 있는 줄 앎이라"(히 10:34).

이 구절은 '기쁘게 당한' 이유로 연결되어 있다. 그렇다고 해서 하나님의 사람들은 재산에 전혀 가치를 부여하지 않는다고 말하는 것은 잘못이다. 이 땅의 재산에 마음을 뺏기지 않는 정확한 이유는 '더 낫고 영원히 지속될' 참된 재산에 가치를 두기 때문이다.

이 땅의 물질은 녹이 슬고, 썩어지고, 도적질당할 수밖에 없다(마 6:19-21). 그것을 잘 유지하고 관리하기 위해 애를 써도 기껏 짧은 시간 동안이고 결국에는 내 손을 떠나게 되어 있다.

"그러나 주의 날이 도둑 같이 오리니 그 날에는 하늘이 큰 소리로 떠나가고 물질이 뜨거운 불에 풀어지고 땅과 그 중에 있는 모든 일이 드러나리로다 이 모든 것이 이렇게 풀어지리니 너희가 어떠한 사람이 되어야 마땅하냐 거룩한 행실과 경건함으로 하나님의 날이 임하기를 바라보고 간절히 사모하라"(벧후 3:10-12).

"한번 죽는 것은 사람에게 정해진 것이요 그 후에는 심판이 있으리니"(히 9:27).

사람은 죽게 되어 있고, 그 후에는 심판이 있다.

• 이 심판은 모든 사람에게 해당된다. "그들이 산 자와 죽은 자를 심판하기로 예비하신 이에게 사실대로 고하리라"(벧전 4:5).

• 하나님께서는 완전한 정보를 가지고 사람들을 판단하신다. "지으신 것이 하나도 그 앞에 나타나지 않음이 없고 우리의 결산을 받으실 이의 눈 앞에 만물이 벌거벗은 것 같이 드러나느니라"(히 4:13).

• 하나님은 모든 지식을 가지고 계시므로 종합적, 세부적으로 심판하신다. "사람이 무슨 무익한 말을 하든지 심판 날에 이에 대하여 심문을 받으리니"(마 12:36).

• 하나님의 심판은 숨겨지고 감추어진 부분까지 확대된다. "하나님은 모든 행위와 모든 은밀한 일을 선악 간에 심판하시리라"(전 12:14).

• 심지어 마음의 뜻과 동기까지 드러내시고 심판하신다(고전 4:5).

◙ 믿는 자들의 심판

성경은 두 가지 영원한 심판에 대해 가르치는데, 하나는 불신자들에 대한 것이고, 다른 하나는 신자들에게 해당되는 것이다(요 5:28-29). 모든 불신자들은 그들의 이름이 생명책에 기록되지 않았으므로, 위대한 흰 보좌에 앉으신 그리스도에 대한 믿음의 심판을 통과하지 못할 것이다(계 20:11-15). 그러나 믿음만 심판 받는 것이 아니다. 말씀은 반복해서 불신자뿐만 아니라 모든 믿는 사람들이 자신의 '행위'로 심판 받을 것이라고 하신다(잠 24:12, 전 12:14). 하늘나라는 아름다운 곳이지만 그 곳에서 영원히 지속될 위치와 역할을 결정하기 위해 믿는 사람들을 심판하신다고 분명하게 말씀하신다. 불신자들의 행위에 대한 심판은 위대한 흰 보좌 앞에서 행해지며, 신자들은 '그리스도의 심판대'라 불리는 곳에서 심판을 받게 된다.

- 모든 믿는 사람들은 주님 앞에 각자의 삶에 대한 보고를 해야 한다(롬 14:10-12).

- 잘한 일과 잘못한 일, 우리가 한 모든 일은 심판 받는다(고후 5:10).

- 이 심판의 결과는 영원한 상급이 된다(고전 3:12-15, 고후 5:9-10).

"만일 누구든지 금이나 은이나 보석이나 나무나 풀이나 짚으로 이 터 위에 세우면 각 사람의 공적이 나타날 터인데 그 날이 공적을 밝히리니 이는 불로 나타내고 그 불이 각 사람의 공적이 어떠한 것을 시험할 것임이라 만일 누구든지 그 위에 세운 공적이 그대로 있으면 상을 받고 누구든지 그 공적이 불타면 해를 받으리니 그러나 자신은 구원을 받되 불 가운데서 받은 것 같으리라"(고전 3:12-15).

우리의 공력은 각자에게 주어진 시간이나 에너지, 재능, 돈, 소유를 가지고 이룬 것이다. 이것이 영원에 어떤 영향을 끼치게 될지는 하나님의 거룩한 불이 보여 줄 것이다. 하나님의 말씀은 이 심판이 천국의 기쁨을 누리기 전에 통과하는 의미 없는 형식적 의식이라 말하지 않는다. 그리스도를 충실하게 섬겼던 사람들에게 심판은 칭찬과 축제의 시간이다. 그날에 하나님은 누구도 눈치 채지 못했던 우리의 선한 행위에 대해 상을 주실 것이다. 그렇지만 하나님께로부터 많은 것을 받았지만 자기 자신을 위해서만 낭비하고 세상에서 칭찬을 구했던 사람들은 부끄러운 후회의 자리가 될 것이다.

여기서 우리는 구원과 상급의 차이에 대해 분명한 이해가 필요하다.

구원과 상급

구원	상급
과거 (요일 3:2)	미래 (계 22:12)
공짜 (엡 2:8-9)	취득함 (고전 3:8)
잃어버릴 수 없음 (요 10:28-29)	잃어버릴 수 있음 (요이 1:8)
모든 그리스도인에 동일 (롬 3:22)	그리스도인 사이에 차이 있음 (고전 3:12-15)
믿는 사람에게 주어짐 (요 3:16)	일한 사람에게 주어짐 (고전 9:27)

▣ 상급에 대한 자세한 관찰

"돈으로 즐길 수 있는 일이 너무 많고 나의 돈을 내 마음대로 쓰고 싶은데, 무엇 때문에 돈과 소유에 대한 성경의 가르침을 따라야 하는가? 나는 예수를 믿고 어찌 되었건 천국에 가는 것도 아는데 무엇 때문에 돈에 대한 극단적인 태도를 취해야 하는가? 이 세상도 즐기고, 저 세상도 즐기면 금상첨화가 아닌가?" 이러한 질문을 대담하게 공개적으로 하는 사람들은 거의 없지만 이런 생각들이 우리 믿는 자들 마음에도 깔려 있다. 상급이 없다면 이러한 생각도 그럴듯하다. 그렇지만 심판의 날에 하나님은 자기를 신실하게 섬긴 이들에게 많은 보상을 약속하셨다(계 11:18). 충성된 종들이 행한 모든 일에 대해 보상한다고 하셨다. "그 때에 각 사람에게 하나님으로부터 칭찬이 있으리라"(고전 4:5).

- 우리의 선한 행위에 (엡 6:8, 롬 2:6,10)
- 자기를 부인하는 삶에 (마 16:24-27)
- 도움이 필요한 자들에게 보인 동정심에 (눅 14:13-14)
- 원수에게 친절히 대한 것에 (눅 6:35)
- 관대한 드림에 대해 보상하신다. "네가 온전하고자 할진대 가서 네 소유를 팔아 가난한 자들에게 주라 그리하면 하늘에서 보화가 네게 있으리라"(마 19:21).

천국에서 믿는 자들은 그리스도와 함께 세상을 다스리게 된다(계 20:6). 심지어 천사들도 다스릴 것이다(고전 6:3). 어떤 사람에게는 "많은 것을 네게 맡기리니"(마

25:21-23)라고 하셨다. 예수께서는 각 사람의 충성된 섬김에 따라 어떤 사람에게는 열한 도시를, 어떤 사람에게는 다섯 도시를 다스릴 권한을 허락하시고, 어떤 사람에게는 아무 것도 맡기지 않으신다고 분명하게 말씀하셨다(눅 19:17-24).

상급으로서의 면류관

- **생명의 면류관** – 핍박과 순교로 그리스도께 충성한 자에게 주어짐(약 1:12, 계 2:10),
- **썩지 않을 면류관** – 삶에서 결단하고 훈련되고 승리하는 자에게 주어짐(고전 9:24-25).
- **기쁨의 면류관** – 전도와 제자화를 위해 다른 사람에게 자신을 쏟아 부은 자에게 주어짐(살전 2:19, 빌 4:1).
- **영광의 면류관** – 영적인 지도자가 그리스도를 충실하게 섬겼을 때 주어짐(벧전 5:1-4).
- **의의 면류관** – 자신을 정결하게 하고 그리스도의 다시 오심을 준비한 사람에게 주어짐(딤후 4:6-8).

거짓된 겸손은 "나는 상급과 같은 것이 필요 없다"라고 말하지만 이는 사실상 "나는 하나님께 영광 돌리기 위해 그리스도 발 앞에 아무것도 드리고 싶지 않다"라고 말하는 것이다. 왜냐하면 상급은 우리의 자랑을 위해서가 아니라 하나님의 영광을 위해 주어지기 때문이다. 우리가 받은 면류관을 그 분의 발 앞에 내려놓으며 그리스도께 영광을 돌리는 것이다(계 4:10).

▣ 동기와 상급

우리가 하나님을 사랑하고 그의 말씀에 순종하는 동기가 상급 때문이라면 영적으로 수준이 낮은 것처럼 생각하는 사람들이 많다. 그러나 모세를 보라.

"그리스도를 위하여 받는 수모를 애굽의 모든 보화보다 더 큰 재물로 여겼으니 이는 상 주심을 바라봄이라"(히 11:26).

또한 바울도 그가 받을 상에 시선을 고정하고 힘들고 긴 인생의 경주를 끝까지 달릴 수 있었다. 그는 자주 영원한 상급에 의해 격려 받는다고 거리낌 없이 말하고 모든 신앙인들도 자신과 같이 상급을 기대하라고 말했다(딤후 4:7-8, 갈 6:9-10). 그리스도께서도 십자가를 "그 앞에 있는 기쁨을 위하여"(히 12:2) 참으셨다. 그리고 보상의 약속을 하시며 우리에게 선한 행위를 장려하셨다.

"오직 너희는 원수를 사랑하고 선대하며 아무 것도 바라지 말고 꾸어 주라 그리하면 너희 상이 클 것이요 또 지극히 높으신 이의 아들이 되리니 "(눅 6:35)

물론 상급이 우리의 유일한 동기는 아니다. 아버지와 구속자로서 하나님을 사랑하는 마음, 창조주와 재판관이 되시는 하나님을 두려워하는 마음, 은혜에 대한 감사함, 그분을 기쁘시게 하고픈 마음 등도 주를 섬기는 동기이다. 각각의 동기는 정당하며 이것들이 종합적으로 동기가 되어야 할 때도 있다. 상급의 개념은 자녀들을 양육하다 보면 이해가 잘 된다. 자녀들은 잘못하면 벌을 받고 옳은 일을 하면 부모가 얼마나 기뻐하는지 알고 있다. 바른 행동을 하면 칭찬의 말을 듣고, 경우에 따라서는 물질적 보상이 있다는 것도 알고 있다. 사랑하는 것만으로도 순종하는데 문제가 없을 수 있지만 그것으로 충분하지 못할 때도 있다. 무엇보다 상급은 우리의 아이디어가 아니고 하나님의 아이디어인 것에 주목하라. 그리고 "나는 보상 같은 것엔 관심 없어요. 무엇으로 유혹해도 난 그 일을 하지 않을 거여요"라고 건방지게 말하며 하나님을 모독해서는 안 된다.

하나님께서는 새 핸드폰을 사기 위해 저축한 돈을 선교지에 헌금으로 보낸 여학생을 보상하실 것이다. 온갖 유혹에도 자신을 깨끗하게 지키는 10대 남학생을 보상하실 것이다. 치매에 걸린 아내를 사랑으로 돌보는 남편과 뇌성마비를 앓고 있는 자녀를 인내로 잘 키우는 어머니를 보상해 주실 것이다. 하나님이 꼭 보상할 필요는 없다. 그러나 그 분이 보상하고 싶으신 것이다. "인자가 아버지의 영광으로 그 천사들과 함께 오리니 그 때에 각 사람이 행한 대로 갚으리라"(마 16:27).

두 번째 기회는 없다

농구시합에서 마지막 벨이 울리면 경기는 끝난다. 그 이후에 쏜 슛은 득점으로 인정되지 않는다. 그리스도의 재림의 나팔소리가 울리면 우리의 영원한 미래는 시작된다. 더 이상 영원을 위해 가진 소유와 돈과 시간을 사용할 수 없다. 새 하늘과 새 땅에서는 더 이상의 기록 변경이 불가능하다.

영화 '쉰들러 리스트'의 마지막 부분에 나치 치하에서 자신의 재산으로 많은 유대인의 목숨을 구했던 오스카 쉰들러가 남아 있던 자신의 자동차와 금으로 만든 핀을 보며 그것을 팔아 더 많은 생명을 구하지 못한 것을 후회하는 장면이 나온다. 그는 보통 사람들보다 훨씬 많은 기회를 사용했다. 그러나 마지막에 그는 과거로 돌아가 더 많은 기회를 갖기를 소망했다.

요한 웨슬리는 "나는 모든 것에 영원히 남을 가치를 기준으로 가격을 매긴다"고 했다. 데이비드 리빙스턴은 "내가 가지고 있는 어떤 것도 하나님의 나라와 상관이 없다면 아무런 가치가 없다."고 했다.

이들은 아무 것도 쌓지 않으려는 사람들이 아니라 보물을 올바른 곳에 쌓기를 원했던 사람들이다.

당신은 이 세상을 떠날 때 가져갈 수 없는 보화를 쌓은 사람으로 기억되길 원하는가? 아니면 잃어버릴 수 없는 하늘나라에 보화를 쌓은 사람으로 기억되기를 원하는가?

※ 실전적용과제 : 예산 작성

 **질 문**

1. "영원을 인식하지 못하면 사소한 일에 전문가가 되고 정작 중요한 것에는 왕초보가 된다"는 말이 무슨 뜻인지 예를 들어 설명해 보세요.

2. 다음 구절에서 하나님이 약속하신 상급을 누가 받습니까?
   - 히 10:34-36

   - 눅 6:22-23

   - 벧후 3:11-14

   - 눅 14:14

3. 다음 구절에서 우리의 정체성을 가리키는 단어들을 적어 보세요.
   - 고후 5:20

   - 히 11:13

   - 벧전 1:17

4. 고전 3:11-15 을 읽으세요.
   - 마지막 심판 때 불타 없어질 것들은 무엇입니까?

   - 어떻게 하면 상급을 받습니까?

5. 다음 구절들에서 우리의 주인이고 재판장이신 하나님의 특징을 말해 보세요.
  - 잠 24:12

  - 행 17:31

  - 벧전 4:5

  - 이러한 특징들이 우리의 일상생활에 어떠한 영향을 줍니까?

6. 그리스도인에게 이 땅이 아닌 하늘나라가 고향이란 사실은 무엇을 의미합니까?

  - 그것이 당신의 드림이나 재정적인 결정에 어떠한 영향을 주는가요?

7. 상급 때문에 하나님을 섬긴다면 세상적이고 영적이지 못하다고 말하는 사람에게 어떻게 설명하시겠습니까?

  - 하늘나라에만 마음을 두고 사는 사람은 이 땅에서 행복할 수 없고 현실의 삶에 최선을 다하지 못할 것이라 말하는 사람들에게 주고 싶은 말은 무엇입니까?

8. 본문을 읽고 얻은 가장 소중한 교훈은 무엇입니까?

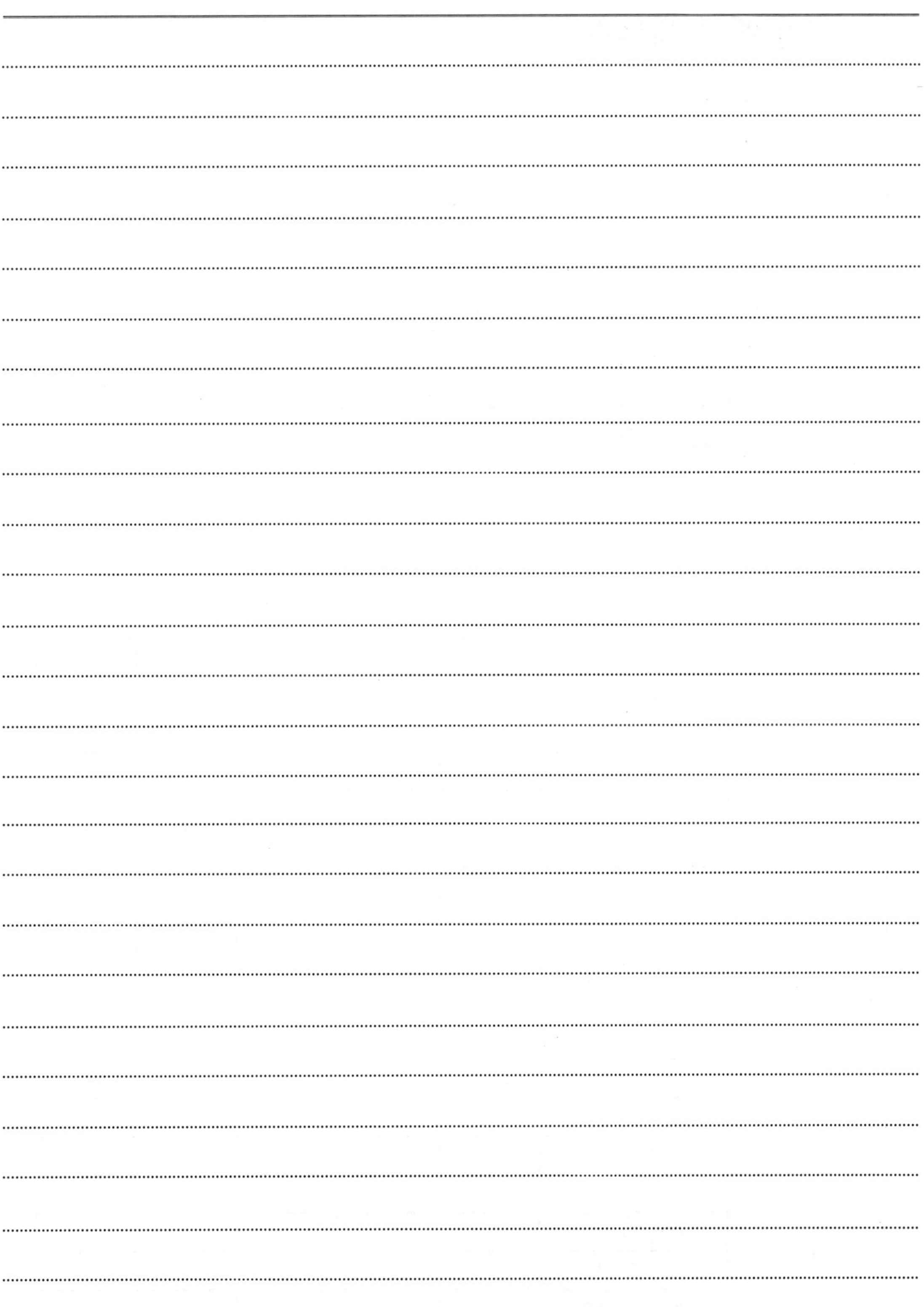

3과 예산 세우기

월		1	2	3	4	5
소득	급여/사업소득					
	임대/금융소득					
	기타소득					
	수입합계(1)					
우선순위 비용	첫열매와나눔					
	세 금					
	빚 상환					
	저축(은퇴,교육등)					
	소 계(2)					
쇠비 가능한 금액 ((1)-(2)=(3))						
생활비	주거비					
	음식비					
	의복비					
	통신비					
	교통 차량비					
	의료비					
	보험료					
	교육비					
	오락 외식비					
	경조 선물비					
	잡 비					
	기 타					
	기 타					
	생활비 합계(4)					
이 익						
	이익((3)-(4))					
	추가로 나눔					
	미래을 위한 저축					

6	7	8	9	10	11	12	힙 계	12로 나눔

1. 목표

'빚'의 실체와 위험성을 알고 그 속박으로부터 자유를 누리게 한다.

2. 암송구절

"부자는 가난한 자를 주관하고 빚진 자는 채주의 종이 되느니라"(잠 22:7).

3. 들어가는 말

"은행에서 융자한 자동차를 타고, 신용카드로 기름을 넣고, 백화점 카드를 만들어 저축을 까먹고, 융자로 구입한 집에 할부로 구입한 가구들을 채운다." 이것은 오늘날의 일반적인 현상이다. 집이나 자동차를 융자로 구입하고, 신용카드로 결제하는 것이 이제는 하나의 보편화된 소비형태가 되었다. 모두들 그렇게 하기 때문에 문제의식을 느끼지 못하고 있다. 더 나아가 '빚'을 이용하지 않는 것은 지혜롭지 못하고 주어진 권리를 사용하지 못하는 구시대적인 삶이라고 생각한다. 그러다보니 현재 우리나라 1인당 금융부채는 1,606만 원에 이르고 해마다 개인부채는 5% 이상씩 증가하고 있다. 빚은 개인만의 문제가 아니고 가정, 기업, 국가에 이르기까지 확대되고 있다. 가계당 부채는 3,400만 원에 이르고, 국가 부채율 또한 국내 총생산(GDP)의 26%를 넘었고 그 증가율은 OECD 국가들 중 최고이다.

그러나 빚은 하나님의 말씀에서 탈선하는 심각한 현상이다. 맘몬의 영이 사람들을 자신의 멍에에 묶어놓기 위해 사용하는 가장 효과적인 방법 중 하나이다. 끊임없이 불만족하게 만들어 계획에 없는 소비를 조장하고, 돈이 없으면서도 신용카드를 사용하여 빚의 노예가 되게 하고, 빚으로 인한 염려와 근심으로 주님이 주시는 기쁨과 감사와 나눔의 삶을 살지 못하게 만든다.

 ## 4. 들어가는 질문

1) 빚은 현대인에게 필요악이라고 생각하십니까?

2) 순례자와 청지기의 관점에서 빚지는 것은 무엇을 의미합니까?

▣ 빚의 본질

'신용'은 미리 쓰고 나중에 갚도록 허용하는 것이다. 이러한 허용에 대해 채무자가 지불하고 채권자가 받는 수수료가 '이자'이다. 오늘날 한국 가정은 평균 빚의 이자비용만으로 가처분 소득의 10%를 지불한다. 빚을 질 때 벌지 않은 돈을 얻게 되지만 그 얻은 돈이나 물건으로 인해 미래의 시간과 에너지, 그리고 자산을 저당 잡힌다. 왜 은행이나 신용카드 회사들이 수십 가지 종류의 상품을 제시하면서 지속적으로 돈을 쓰라고 간청하는가? 왜 사람들에게 돈을 빌려 주려고 안달일까? 대답은 단순하다. 그들은 나의 빚으로 이익을 얻기 때문이다. 예를 들어 1억 원을 연 8% 이자율로 20년간 장기대출을 받아 주택을 구입할 경우 만기일시 상환이자는 1억 6천만 원에 달하고 거기에 원금 1억 원을 더하면 총 2억 6천만 원을 갚게 된다.

에덴동산에서 아담과 하와가 선악과를 먹고 난 뒤 하나님께서 여자에게 말씀하셨다. "네가 어찌하여 이렇게 하였느냐 여자가 이르되 뱀이 나를 꾀므로 내가 먹었나이다"(창 3:13). 이 구절에 나오는 "꾀므로"의 히브리어 '나샤'(Nasha)는 두 가지의 뜻을 갖고 있다. 한 가지는 '속이다 또는 꾀다'이고, 다른 한 뜻은 '이자를 받고 빌려 주다'이다. 그러므로 실질적으로 뱀이 하와에게 한 것은 평생 동안 결코 갚을 수 없는 영적인 빚으로 하와를 유혹한 것이다. 그녀 자신 뿐 아니라 땅위의 어떤 누구도 그 속임수로 진 빚을 갚을 수 없었다. 그러나 우리를 긍휼히 여기시는 하나님께서 예수 그리스도를 통해 친히 그 빚을 갚으셨고, 우리를 대신하여 값을 지불하심으로 우리는 죄의 빚으로부터 해방되었다.

"…너희는 너희 자신의 것이 아니라 값으로 산 것이 되었으니 그런즉 너희 몸으로 하나님께 영광을 돌리라"(고전 6:19-20).

"속임"이라는 말로 쓰인 단어가 '이자를 받고 돈을 빌려 준다'는 말로 사용된다는 것이 흥미롭다.

또 하나 빚에 관련된 히브리말은 '나샥'(Nashak)이다. 이 말은 '(뱀처럼) 독이 든 이로 치다'라는 의미이다.

"여호와께서 모세에게 이르시되 불뱀을 만들어 장대 위에 매달아라 물린(nashak) 자마다 그것을 보면 살리라 모세가 놋뱀을 만들어 장대 위에 다니 뱀에게 물린 자마다 놋뱀을 쳐다본즉 모두 살더라"(민 21:8-9).

그런데 독사에 물린 것을 의미하는 단어 나샥의 비유적 의미는 '이자로 압박하다' 또는 '고리대금 하다'는 뜻도 있다.

이 두 히브리 단어들을 통해서 맘몬의 영이 사람들로 하여금 소득의 많은 부분을 이자로 물게 하며 빚에 의존하는 삶을 살도록 속여서 속박하고 있음을 알 수 있다(크래그힐, 얼 피츠 공저,『그리스도인의 재정원칙』, 예수전도단, p. 216).

▣ 빚에 대해 성경은 무엇이라 말하는가?

"아무에게든지 아무 빚도 지지 말라"(롬 13:8).

이것은 빚을 금지하는 것처럼 보인다. 빚지는 것이 죄를 짓는 것이라면 빌리는 입장이 되는 것은 저주이고 빌려 주는 위치는 축복이란 말씀은(신 28:44-45) 이해하기 어렵다. '아무 빚도 지지 말라'는 말씀이 영어 성경(NIV)에는 "어떤 빚도 미불상태로 두지 말라"고 번역했다. 즉, 빚은 허용되지만 가능한 한 빨리 갚을 수 있는 조건 하에서만 인정된다. 절박한 상황이 아니라면 하나님의 자녀들이 부채의 저주 아래 자신을 던지는 것은 지혜롭지 못하다. 빌리더라도 가능한 한 빨리 그것을 갚으라고 지시한다. 일반적으로 매달 사용한 것의 일부만 갚는 식의 보편화된 세상적 관습은 이 원리를 위반하는 것이다. 우리가 채무자에게 목이 매여 있으면서 어떻게 하나님을 완전히 자유롭게 섬길 수 있겠는가?

느헤미야는 이스라엘 역사상 가장 비참하고 절망적인 시대를 이렇게 말하고 있다.

"어떤 사람은 말하기를 우리가 밭과 포도원과 집이라도 저당 잡히고 이 흉년에 곡식을 얻자 하고 어떤 사람은 말하기를 우리는 밭과 포도원으로 돈을 빚내서 왕에게 세금을 바쳤도다 우리 육체도 우리 형제의 육체와 같고 우리 자녀도 그들의 자녀와 같거늘 이제 우리 자녀를 종으로 파는도다 우리 딸 중에 벌써 종된 자가 있고 우리의 밭과 포도원이 이미 남의 것이 되었으나 우리에게는 아무런 힘이 없도다 하더라”(느 5:3-5).

기근이 심해지면 마지막 절망적인 행위로 밭이나 포도원 그리고 집을 저당 잡힌다. 이런 일이 정상적인 상황에서는 결코 일어나서는 안 된다. 그러나 역사상 가장 부유한 시대를 사는 우리들의 밭이나 포도원, 집을 저당 잡히는 일이 일상화된 것은 어떤 이유인가?

▣ 빚을 지기 전에 해야 할 질문들

빚을 피하는 최선의 방법은 처음부터 빌리지 않는 것이다. 우리의 잘못은 항상 ‘빌릴 필요’가 있다고 생각하는 것이다. 다르게 표현하면, 빚을 지지 말아야 한다는 확신이 없으면 빌려야 하는 이유를 찾기 마련이다. 그러나 빚을 피해야 한다는 확신이 있으면 피할 방법을 찾게 된다. 빚을 지기 전에 이렇게 물어보자.

- 지금 빌리려는 돈이나 빚으로 구입하려는 것이 앞으로 지불해야 할 이자, 시간, 에너지와 정신적 스트레스 등과 비교해서 값어치가 있는 것인가?
- 내가 원하는 것을 지불할 현금이 충분치 않다는 것은 그것을 사는 것이 하나님의 뜻이 아님을 말해 주는 것은 아닌가?
- 그것을 사는 것이 지금까지는 하나님의 뜻이었지만 과거의 지혜롭지 못한 결정들로 인해 현재 살 수 없는 상황이 된 것은 아닌가? 그렇다면 부지런히 일해서 충분한 돈을 모은 후에 구입하는 것이 낫지 않은가?
- ‘필요’를 채우기 위해 빚을 져야만 한다고 여길 때, 사실은 그 필요가 혹시 우리의 ‘원하는 것’을 가장하고 있지는 않은가? (우리 모두는 주거지가 필요하지만 특정 동네의 특정한 집이 필요한가? 음식이 필요하지만 꼭 비싼 것이어야 하는가? 옷이 필요하지만 꼭 유명 브랜드이어야 하는가?)
- 이 빚은 기도, 인내, 하나님의 공급하심을 기다리지 않고 하나님을 의존하는 삶에서 벗어나게 하는 방법은 아닌가?
- 빚을 지지 않고 피할 수 있는 다른 모든 방법들을 정말 시도해 보았는가? 또 돈이

많이 드는 취미생활, 회원권 등을 포기하거나 비싼 물건들을 처분했는가?

문제는 "왜 빚지면 안 되는가?"가 아니라 "왜 빚져야 하는가?"이다. 이 질문에 확신이 서지 않으면 빚을 져서는 안 된다. 모든 빚이 동일한 것은 아니다. 기도와 신중한 생각 끝에 빚만이 유일한 선택이 될 수밖에 없었던 농부나 사고희생자, 실업자, 버려진 배우자가 있을 수 있다. 이런 상황이라 하더라도 가능한 한 빨리 빚에서 빠져 나올 수 있도록 하나님의 도움을 구해야 한다. 하나님과 의논하지 않고 빚질 궁리부터 하는 그리스도인들이여! 하나님의 공급해 주심을 기도하고 기다리는 믿음은 어디로 가고, 빚 진 후에 그 빚을 갚아 주실 것을 확신하는 믿음은 어디서 오는가? 하나님 나라의 '의'를 먼저 구하면 그분께서 우리의 기본적인 필요를 공급하시겠다고 확실히 약속하고 있지만(마 6:25-34), 자신의 욕심과 참지 못함으로 인해 발생한 모든 빚을 갚게 해 주신다는 약속은 성경 어디에도 없다.

▣ 빚이 위험한 때는?

1) 소유물의 재판매 가격이 융자금보다 적을 때 특별히 위험하다.

자동차나 가전제품, 가구처럼 대부분의 물건들은 구입하자마자 가치가 급격하게 떨어진다. 경기침체로 인해 융자금 상환을 감당 못해 집을 처분하고자 하나 처음 구입 가격보다 훨씬 떨어진 가격으로 인해 이러지도 저러지도 못하는 사람들도 있다.

2) 미래를 가정하는 빚은 위험하다.

두 사람의 소득이 있어야 갚을 수 있는 많은 융자금을 안고 집을 구입했을 경우, 둘 중 한 사람이 직장을 잃게 되거나, 건강상 이유로 더 이상 일을 할 수 없게 되거나, 자녀의 출산, 양육 등 예기치 못한 상황으로 처음 계획에 차질이 생길 수 있다.

3) 주된 채무자(하나님)의 돈을 훔쳐 하위 채무자(인간)에게 지불할 때 특별히 위험하다.

편리함을 좇기 위해 구입한 것의 월부금을 지불해야 하므로 하나님께 전혀 드리지 않거나 드리는 금액을 줄이는 그리스도인들이 있다. 어떤 크리스천 재정상담가는 빚에서 완전히 빠져 나올 때까지 하나님께 드리는 것을 보류하라고 조언한다. 그러나 드리지 않는 것이 결코 재정적인 해결책이 될 수 없다. 그것이 오히려 문제의 근원이다. 하나님께 드려야 할 돈을 자신을 위해 사용했기 때문에 그들의 지갑에 구멍을 내었다고 하나님은 말씀하신다(학 2:12). 그렇다면 빚으로부터 빠져나오기를 원하는 사람들에게 정확하게 필요한 것은 바로 하나님 그분이시다. 분명한 것은 우리가 하나님께 드리는 일에 신실할 때에만 다른 사람에게 지불할 자원들을 공급하시도록 하나님의 도움을 요청할 수 있다.

4) 다른 사람의 필요를 채우도록 성령께서 인도하실 때 신속하게 반응하지 못할 정도로 지출이 많다면 빚은 특별히 위험하다.

부채 때문에 다른 사람의 필요를 채워 줄 수 있는 많은 기회들을 외면할 수밖에 없다면 결과적으로 우리 자신과 다른 사람에게 주어질 축복을 잃게 된다.

5) 이동이나 변화를 요구하는 성령의 인도하심에 자유롭게 반응하기 어려울 정도의 빚은 특별히 위험하다.

하나님이 장소를 옮기거나 직업을 바꾸도록 인도하실 수 있다. 그런데 쌓아놓은 소유물과 빚으로 이루어진 생활방식을 유지하기 위해 꼼짝 못하고 매여 있지는 않은가? 만일 그 분이 오늘 선교지로 부르신다면, 아프리카에서 선교사로, 아시아에서 간호사로 섬기길 원하신다면, 매달 벌어서 빚을 갚아야 하기 때문에 움직일 수 없다고 대답하겠는가? 빌린 돈이 당신에게서 순례자 정신을 빼앗아 가는 것은 아닐까? 이러한 기회의 상실은 당신이 하늘나라에 저축할 상급을 쌓을 절호의 기회를 잃어버리도록 한다.

■ 빚의 결과

1) 오래 질질 끈다.
2) 염려와 스트레스를 낳는다.
3) 중독성이 있고, 부정직함으로 인도한다.
4) 가진 것이 없으면서도 가진 것처럼 실체를 부인하게 만든다.

5) 하나님께서 'NO' 라고 말하거나 더 좋은 방법을 주시려는 기회를 박탈해 버린다.

6) 자원을 동결시키고, 하나님의 나라를 위해 쓰지 못하게 만든다.

▣ 빚으로부터의 탈출

정당한 이유로든 잘못된 이유로든 돈을 빌리면 가능한 한 빨리 갚을 책임이 있다고 성경은 분명하게 말한다(잠 3:27-28, 마 5:25-26). 또한 파산을 함으로 빚을 갚지 않는 것이 법적으로는 문제가 없다 하더라도 도덕적으로 정상적인 선택은 아니다. 신실한 하나님의 사람은 자신이 행한 일에 책임을 회피하지 않는다.

만일 당신이 빚을 졌다면 다음의 두 질문을 해야 한다.

- 왜 빚을 지게 되었는가?
- 어떻게 그것으로부터 빠져 나올 것인가?

첫 번째 질문이 중요한 이유는 미래의 결정에 도움을 주기 때문이다. 만일 지혜롭지 못해서 빚을 지게 되었다면 빚에서 빠져 나오는 것 이상을 해야 한다. 잘못된 선택이었음을 고백하고 그것을 되풀이하지 않겠다고 다짐하며 출발해야 한다. 무엇보다도 빚보다 더 근본적 문제인 탐욕, 충동, 절제의 부족 등을 가지고 하나님 앞에 나와야 한다. 두 번째는 빚으로부터 벗어나는 단계이다. 인내심을 가지고 다음의 지침들을 따름으로 속박에서 벗어날 수 있다.

1) 회개하라.

그동안 하나님이 아니라 세상을 본받았다는 것을 인정하라. 그리고 필요한 것과 원하는 것, 저축과 소비, 그리고 빚에 대한 당신의 마음과 행동을 바꾸라. "너희는 이 세대를 본받지 말고 오직 마음을 새롭게 함으로 변화를 받아 하나님의 선하시고 기뻐하시고 온전하신 뜻이 무엇인지 분별하도록 하라"(롬 12:2).

2) 하나님께 첫 열매를 즉시 드려라.

우리가 처음과 최고의 소득을 하나님께 드리는 것이 "당신의 소유권을 깨닫고 당신이 나의 순종에 복 주실 것을 신뢰합니다"라는 실제적인 고백이다. 불순종을 결코 합리화 하지 말라. 하나님의 것인 십일조와 드리라고 하는 헌금을 가로채면서 당신의 재정에 복 주실 것을 바라는 것은 자기모순이다. 빚으로부터 빠져나오기 위해서는 다른 어떤 것보다도 하나님의 도우심이 필요하다는 것을 기억하라.

3) 새로운 빚을 지지 말고 빚지는 습관을 합리화하지 마라.

4) 현재의 빚을 체계적으로 없애 나가라.

예산을 잘 세우고 빚을 갚을 구체적인 계획을 세워라. 각 빚마다 이자율을 비교함으로 갚을 우선순위를 정하고, 가장 높은 이자율의 빚부터 갚아 나간다. 또 하나의 방법으로는 적은 금액을 먼저 없애면 다른 빚을 갚을 수 있는 용기와 재정적 여유가 생긴다. 불필요한 것을 팔아 현금화하라. 이 과정에서 말씀을 중심으로 상담해 주는 지혜로운 조언을 듣는 것이 중요하다.

5) 신용카드의 사용을 조절하라.

신용카드를 사용하면 현금을 사용하는 것보다 26% 더 소비한다는 시티뱅크의 통계가 있다. 카드를 사용할 때는 실제로 돈이 없는데도 있는 것처럼 느끼기 때문에 충동구매를 하게 되고, 더 많이 사고, 필요하지 않은 것도 사기 쉽다. 이것이 매달 잔고를 모두 지불하기 때문에 이자를 한 푼도 지불하지 않는 사람에게도 카드를 사용하는 것이 불리한 이유이다.

※ 따라서 신용카드에 대한 다음과 같은 원칙을 지켜야 한다.
- 예산된 항목만 카드를 사용한다.
- 매달 카드 잔고를 남기지 않고 지불한다.
- 카드 잔고를 모두 지불할 수 없는 첫 달에 카드를 없애 버리고, 다른 카드를 만들지 않는다. 신용카드 남용의 유일한 해결책은 플라스틱 수술(카드 반으로 자르기)뿐인 경우가 많다.

6) 빚지는 것이 마지막 방법이라고 생각될 때는, 신중하게 기도하며 결정하라.

7) 부수입을 계획하라.

모든 조치를 취했음에도 자금이 여전히 부족할 수 있다. 일시적인 대책으로 두 번째 일을 갖거나 집에서 하는 일을 통해 소득을 늘릴 수 있다. 물론 이 때의 수입은 반드시 빚을 갚는데 써야만 한다.

빚을 정리하는 것은 단순히 재정적 해결책으로 그치지 않는다. 죄로부터 자유함을 주신 예수 그리스도로 인해 나는 그분의 소유이며 그 분을 섬기는데 어느 것으로부터도 얽매이지 않겠다는 신앙고백이 된다. 이는 영국 웨일즈 지역을 크게 변화시킨 신앙부흥운동(1904-1906)이 일어났을 때 하나님 앞에서 참회한 사람들이 오랫동안 갚지 않았던 부채부터 갚기 시작한 것에서도 확인할 수 있다.

◪ 집 구입을 위한 빚

많은 재정상담가들은 집에 대한 융자는 여느 빚과는 다르게 취급한다. 그 이유 중 하나는 융자금이 집의 순자산으로 보증되기 때문이다. 재정적인 어려움으로 월 납부금을 내지 못하면 집을 팔아 집의 현재 판매가격에서 남은 융자금액을 뺀 순자산을 회수할 수 있기 때문이다. 경기침체가 되었거나 경제가 좋지 않은 지역만 아니라면 − 이 두 가지 상황은 항상 발생할 수 있음을 강조하고 싶다 − 집의 가치는 매년 3에서 6퍼센트 혹은 그 이상으로 증가할 수 있다. 불행하게도 큰 꿈을 가진 많은 주택소유자들은 결국 능력 이상의 집을 구입한다. 능력이 된다고 필요 이상으로 큰 집을 구입하는 것 또한 주님 앞에서 기도하며 결정할 일이다.

전문가들이 말하는 감당할 수 있는 집의 구입가격을 산정하는 일반적인 공식은 가구당 총 연소득의 2.5배 이상이 되어서는 안 된다고 한다. 월납부금을 내는 것에 영향을 주거나 마음에 항상 부담을 준다면 다시 한 번 고려할 필요가 있다.

"너희 중의 누가 망대를 세우고자 할진대 자기의 가진 것이 준공하기까지에 족할는지 먼저 앉아 그 비용을 계산하지 아니하겠느냐 그렇게 아니하여 그 기초만 쌓고 능히 이루지 못하면 보는 자가 다 비웃어 이르되 이 사람이 공사를 시작하고 능히 이루지 못하였다 하리라"(눅 14:28-30).

구약이나 신약시대 모두 돈을 빌려 주는 사람들이 많이 있었지만 교회(혹은 이스라엘)가 하나님의 일을 수행하기 위해 돈을 빌렸다는 사례는 한 건도 발견할 수 없다. 그렇다면 상대적으로 풍요하게 살아가는 우리는 왜 성경에서 들어보지도 못한 수단에 의존해야 한다고 믿거나 가정하는가? 성경에 언급된 중요한 건물 프로젝트는 모두 '마음에 원하는 자, 마음이 감동된 자, 자원하는 자'들의 '드림'을 통해 자금이 직접 조달되었다. 사람들이 필요한 것보다 더 많이 드렸다(출 36:6-7, 35:5, 36:3). 성전을 지을 때도 "즐거이 드렸다"(대상 29:6,9,17). 수백 년이 지나 성전 재건축하는 데서도 동일한 일이 벌어졌다. "무릇 그 마음이 하나님께 감동을 받고…예물을 즐거이 드렸더라"(스 1:5-6, 2:68-69, 7:16). 교회의 일에 필요한 돈이 부족한 것은 일반적으로 교인이 확신하지 못하여 마음이 없는데 그 원인이 있다. 돈을 빌리지 않고는 교회를 짓거나 집을 사거나 사업을 시작하는 것은 불가능하다고 말하는 사람들이 있다. 그러나 소득 수준과는 상관없이 빚 없는 가정과 교회는 수도 없이 많다. 최근 들어 점점 더 많은 교회들이 빚 없이 건축하려고 하고, 보이지 않는 성전건축을 지향함으로써 성전의 모델을 새롭게 세워가고 있다. 그리고 돈을 빌린 경우에도 빨리 갚을 계획을 세우고 있다. 따라서 교회와 지도자들은 건물 프로젝트를 시작하기 전에 하나님의 인도하심과 지혜를 구해야 한다(약 1:5). 교회가 빚지는 경우 직면할 수 있는 상황으로는

- 융자기관의 종이 된다.
- 헌금을 많이 하는 사람의 종이 된다.
- 재정적인 압력에 의해 곤궁한 처지에 빠진다.
- 끊임없이 빚을 지는 악순환에 빠진다.
- 선교와 구제와 같은 사역기회에 유연하게 반응하지 못한다.

▣ 보증

'연대보증'이란 빚을 진 당사자가 지불하지 못할 때 제3자로서 이 빚에 대한 책임을 지고 채권자에게 지불을 보증하는 것을 말한다. 만일 계약 당사자가 지불하지 못하면 보증인이 전체 부채의 법적인 책임을 떠맡게 된다. 성경은 분명히 연대보증을 서지 말라고 말한다.

"타인을 위하여 '보증'이 되는 자는 손해를 당하여도 '보증'이 되기를 싫어하는 자는 평안하니라"(잠 11:15).

"너는 사람과 더불어 손을 잡지 말며 남의 빚에 '보증'을 서지 말라 만일 갚을 것이 네게 없으면 네 누운 침상도 빼앗길 것이라 네가 어찌 그리하겠느냐"(잠 22:26-27).

우리는 앞에서 이미 빚의 본질과 폐해에 대해 살펴보았다. 그렇다면 다른 사람의 빚에 대해 책임을 지겠다는 것은 얼마나 어리석은 판단인가(잠 17:18)? 만일 당신이 이러한 성경의 가르침을 믿지 못하겠다면 다른 사람의 빚에 보증을 선 사람들의 50% 이상이 결국 그 빚의 일부나 전부를 갚았다는 사실을 생각해 보라. 내가 어떤 사람을 위해 서명을 하는 순간 이렇게 말하는 셈이다. "지혜롭건 지혜롭지 못하건 이 사람의 모든 재정적인 결정에 내가 책임을 지겠습니다. 그의 어떤 결정에 대해서도 법적 경제적인 책임이 내게 있습니다."

빚을 지지 말아야 하는 근본적인 이유는 무엇인가? 빚을 지게 되면 염려, 스트레스 등 여러 가지 부정적인 현상도 문제지만, 빚으로 인한 원금 상환과 이자 지불, 시간적 감정적 부담으로 자원이 낭비되어 하나님 나라를 위한 투자를 하지 못하게 막기 때문이다.

※ 실전적용과제 : 부채 재고조사

1. 다음 구절에서는 빚지는 것에 대해 어떻게 말하고 있습니까?
   - 신 28:12-15

   - 신 28:43-45

2. 빌리는 입장이 되는 것이 영적으로 저주가 되는 근거는 무엇입니까? (창 3:13)

3. 위험한 빚이란 어떤 경우에 해당하나요? (약 4:13-15)

4. "빚은 하나님께서 'NO' 라고 말하거나 더 좋은 방법을 주시려는 기회를 박탈해 버린다"란 말에 동의합니까? 적절한 예를 들어보세요.

5. 다음 구절들은 빚을 갚는 것에 대해 어떻게 말하고 있습니까?
   - 잠 3:27-28

   - 시 37:21

   - 현재 당신의 상태에 어떻게 적용할 수 있습니까?

6. 왕하 4:1-7을 읽으세요.
   - 빚을 갚는 원리는 무엇입니까?

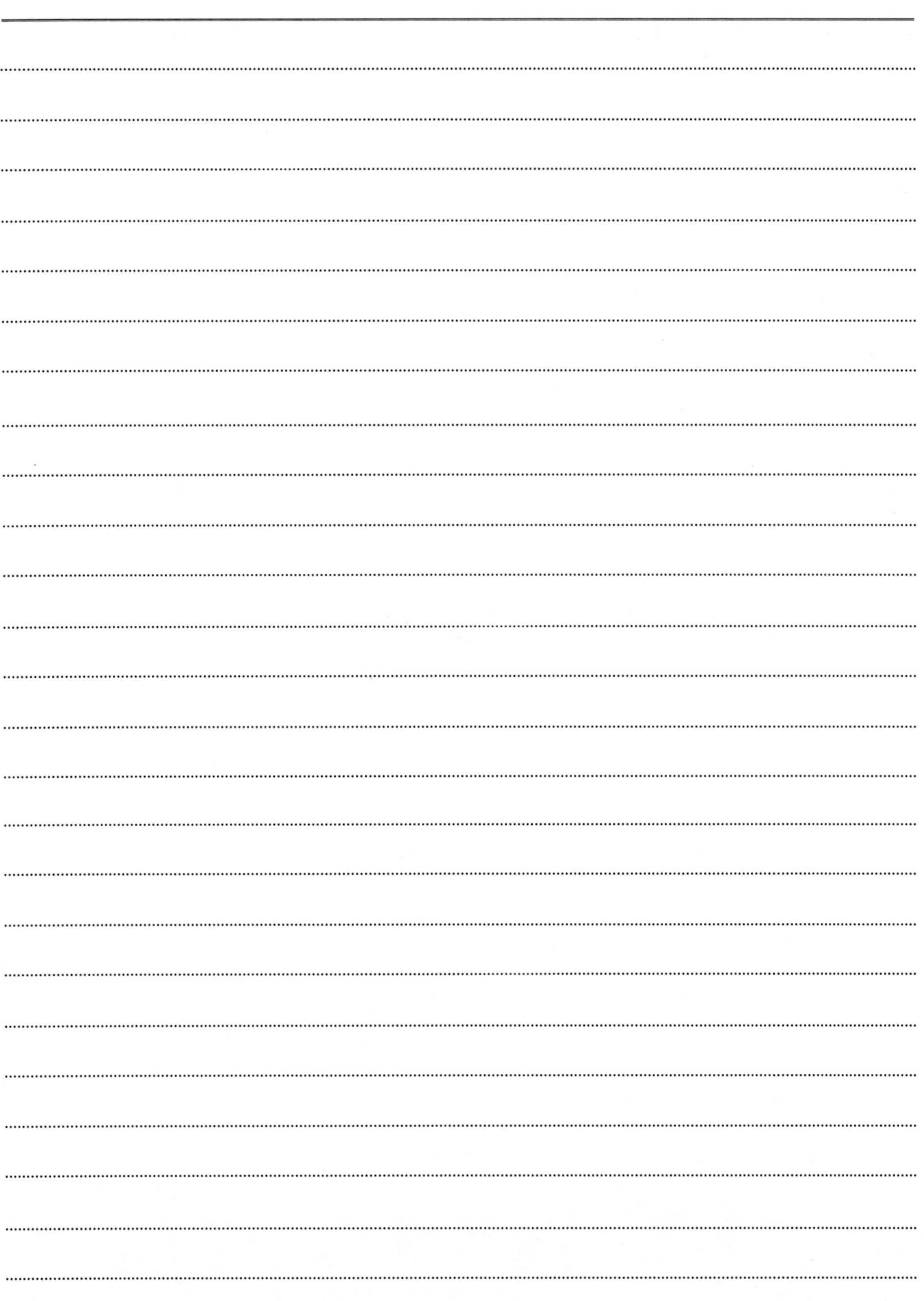

- 당신이 빚 가운데 있다면 해결을 위해 지금 적용할 수 있는 것은 어떤 것이 있습니까?

- 성경에서는 왜 빚을 진 사람은 빌려 준 사람의 종이 된다고 했습니까?

7. 빚을 해결하기까지 헌금이나 나눔을 보류하겠다는 사람에게 무엇이라고 조언해 주시
   겠습니까?

8. 잠 6:1-5을 읽으세요.
   - 만일 자신이 보증을 선 경우에는 어떻게 해결해 나가겠습니까?

   - 가까운 사람으로부터 부탁을 받았을 경우에 어떻게 하시겠습니까?

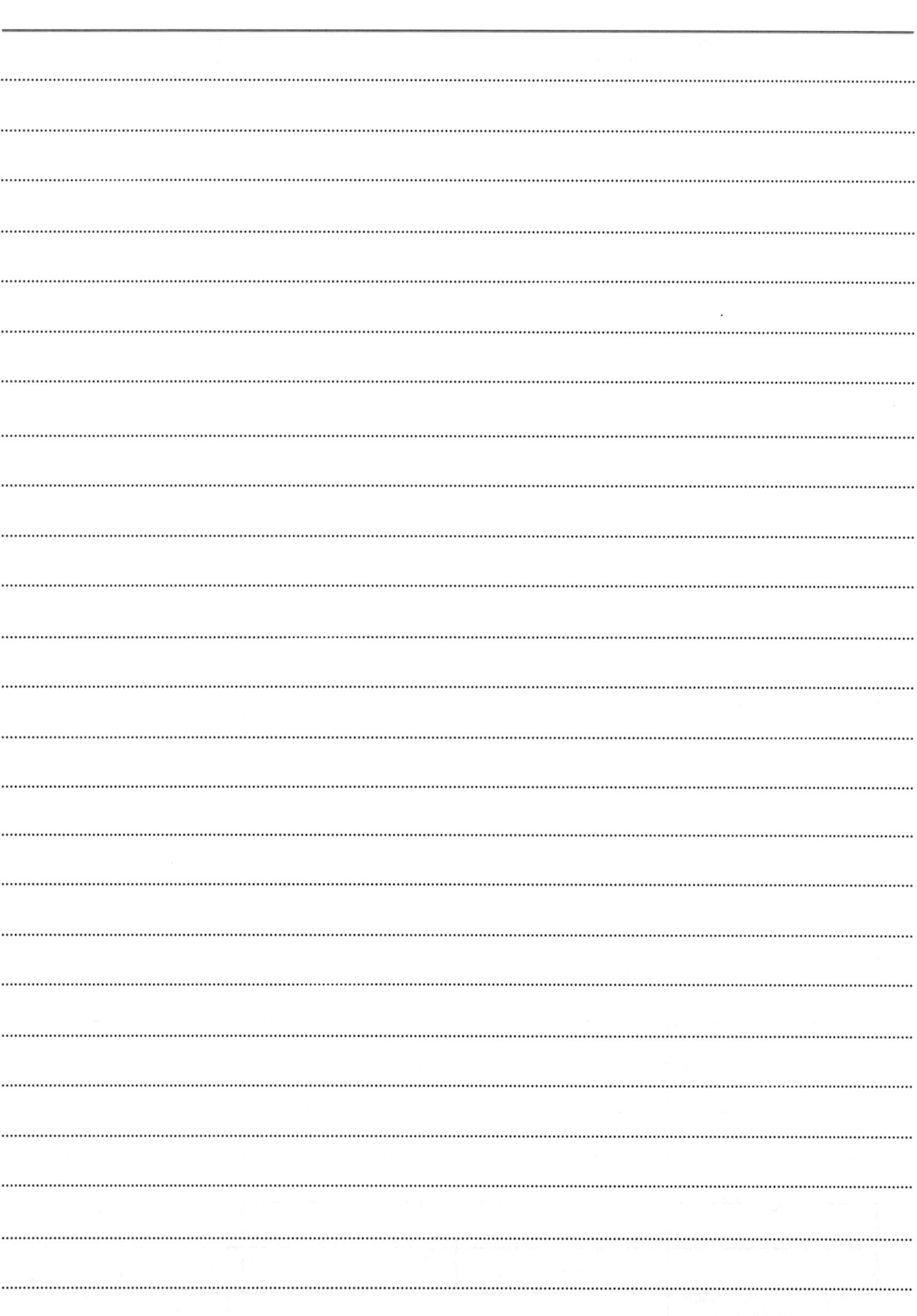

4과 부채 재고조사 (년   월 현재)

작성일 :

종 류	대출기간	용 도	최초 대출금
합 계			

작성일 :

전월 잔액	이자율	기 간	월 상환금액	비 고

1. 목표

'드림'과 '나눔'은 하나님 앞에서 우리가 마땅히 해야 할 일임과 동시에 상급이 있는 특권임으로 기쁘게 드리도록 격려한다.

2. 암송구절

"각각 그 마음에 정한 대로 할 것이요, 인색함으로나 억지로 하지 말지니 하나님은 즐겨 내는 자를 사랑하시느니라"(고후 9:7).

"너희 소유를 팔아 구제하여 낡아지지 아니하는 배낭을 만들라 곧 하늘에 둔바 다함이 없는 보물이니 거기는 도둑도 가까이하는 일이 없고 좀도 먹는 일이 없느니라"(눅 12:33).

3. 들어가는 말

요한 웨슬리가 첫 해에는 30파운드의 소득이 있었는데 28파운드를 생활비로 사용하고 2파운드는 드림과 나눔에 사용했다. 두 번째 해에는 60파운드의 소득이 있었는데 28파운드를 생활비로 사용하고 32파운드는 드림과 나눔에 사용했다. 세 번째 해에는 90파운드의 소득이 있었는

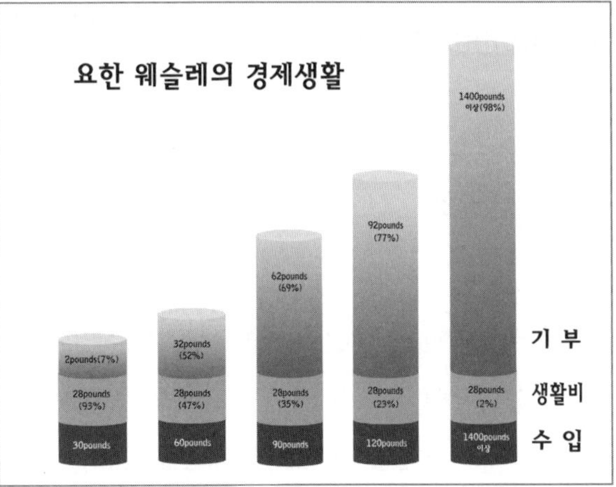

데 28파운드를 생활비로 사용하고 62파운드는 드림과 나눔에 사용했다. 네 번째 해에는 120파운드의 소득이 있었는데 28파운드를 생활비로 사용하고 92파운드는 드림과 나눔에 사용했다. 그 다음 해에는 1400파운드의 소득이 있었는데 28파운드를 생활비로 사용하고 나머지는 드림과 나눔에 사용했다.

한 하녀가 방문 앞에 왔을 때 웨슬리는 벽을 장식할 그림들을 방금 사 가지고 왔다. 추운 겨울날이었지만 그녀는 얇은 긴 옷만 입고 있는 것을 발견했다. 외투를 사라고 돈을 주고 싶었는데 남은 돈이 거의 없었다. 그때 그가 돈을 쓴 것에 대해 하나님이 기뻐하지 않으신다는 것을 깨달았다. 그는 자신에게 이러한 질문을 던졌다.

"주인께서 '잘 하였도다, 착하고 충성된 종아'라고 말씀하실까? 추위에 떨고 있는 이 가난한 피조물을 감싸야 할 돈으로 네 벽을 꾸미는데 써 버렸구나! 오 정의여! 오 자비여! 이 가난한 하녀의 희생으로 네 그림들을 사지 않았나?"

아마도 1731년 옥스퍼드에서 있은 이 사건으로 인해 웨슬리는 그의 지출을 제한하기 시작했고, 더 많은 돈을 가난한 사람들에게 줄 수 있었다.

 ## 4. 들어가는 질문

1) 위의 이야기를 읽고 무엇을 느꼈습니까?

IIIIIIIIIIIIIIIIIIIIIIIIIIIIIIIIIIIIIIIII **본 문** IIIIIIIIIIIIIIIIIIIIIIIIIIIIIIIIIIIIIIIII

▣ 십일조

1) 십일조는 하나님의 소유권을 인정하는 신앙고백이다.

"그 땅의 십분의 일 곧 그 땅의 곡식이나 나무의 열매는 그 십분의 일은 여호와의 것이니 여호와의 성물이라"(레 27:30).

십일조는 '주님께 속한 것'이지 사람에게 속한 것이 아니다. 그것은 '거룩한' 것으로서 하나님께 드리기 위해 따로 구별되었고, 다른 목적으로 사용할 수 없었다. 십일조는 우리가 가진 모든 것이 하나님께로부터 나왔음을 상기시켜 준다. 그러므로 소유주이신 하나님께 십일조를 되돌려 드리는 것이지 드리는 것이 아니다. 이것이 구약 성경에서 십일조를 '드린다'(giving)고 하기보다 '가져온다'(bringing), '지불한다'(paying)라고 말하는 이유다. 내 것의 10%를 드리는 것이 아니라 내게 맡겨 주신 모든 것이 하나님의 것임을 기억하고 인정하는 신앙고백의 행위이다.

십일조의 명시된 목적은 "네 하나님 여호와 경외하기를 항상 배울 것이니라"(신 14:23)에 분명히 나와 있다. 십일조는 우리의 삶에 하나님을 첫째로 두는 훈련을 시키기 위해 의도된 것이다. 마음 내키는 대로 임의로 할 수 있는 것이 아니고, "하나님, 제가 십일조를 하길 원하세요?"라고 물을 필요도 없다. 대답은 이미 성경에 나와 있기 때문이다. 그래서 십일조를 다룰 때 항상 '순종'이 언급되는 것이다. 십일조에 순종함으로써 돈과 소유에 관해 그분이 주인이심을 깨닫는 자유와 기쁨을 경험하게 되고, 맘몬의 영에게 "나는 너를 사랑하지도 섬기지도 않는다"고 선언하는 것이다.

"사람이 어찌 하나님의 것을 도둑질 하겠느냐 그러나 너희는 나의 것을 도둑질하고도 말하기를 우리가 어떻게 주의 것을 도둑질 하였나이까 하는도다 이는 곧 십일조와 봉헌물이라 너희 곧 온 나라가 나의 것을 도둑질하였으므로 너희가 저주를 받았느니라 만군의 여호와가 이르노라 너희의 온전한 십일조를 창고에 들여 나의 집에 양식이 있게 하고 그것으로 나를 시험하여 내가 하늘 문을 열고 너희에게 복을 쌓을 곳이 없도록 붓지 아니하나 보라"(말 3:8-10).

82

우리가 청지기직을 수행함에 있어 주인의 돈을 훔치는 것보다 더 크게 잘못하는 일이 있을까? 우리는 하나님의 것을 훔치면서 그분께서 우리에게 재정적으로 복 주실 것을 기대해서는 안 된다. 왜냐하면 십일조는 하나님의 공급하심에 대한 약속을 시험하는 거룩한 초대이기 때문이다.

2) 십일조는 율법주의다?

오늘날 십일조에 대항하는 가장 강력한 주장은 '율법 대 은혜'이다. 그렇다면 은혜 아래 있다는 것은 곧 율법 아래 행해야 하는 모든 것을 하지 말아야 한다는 뜻인가? 우리는 새 언약이 옛 언약보다 새롭게 하여 완전하게 한다는 것을 굳게 믿는다. 우월하다는 것을 강력하게 믿는다(롬 7, 고후 3, 히 8) 반면에 옛 언약의 어떤 측면은 계속적으로 가치가 있다는 것 또한 믿는다. 십일조의 관습은 모세의 법, 즉 율법 훨씬 이전부터 시작되었다. 아브라함은 대제사장 멜기세덱에게 십일조를 드렸고(창 14:20), 야곱은 주님께 십일조를 약속했다(창 28:22). 따라서 모든 것이 하나님 것임을 고백하는 십일조는 신약성경에서 결코 취소될 수 없는 원리이다. 신약에서 십일조가 폐지되었다는 말씀이 어디에도 없고, 예수님도 그것을 직접적으로 확인해 주셨다.

"이것(의와 인과 신)도 행하고 저것(십일조)도 버리지 말아야 할지니라"(마 23:23).

은혜로 자발적인 마음으로 헌금을 드려야 한다고 말하는 사람들이 있다. 구약에서도 "즐거이 드림"을 강조하고 있다(레 22:18-23, 민 15:3, 신 12:6-17). 즐거이 드리는 헌금은 하나님의 은혜에 감동된 마음의 기쁨에서 나온다. 구약의 신앙인들이 십일조에서 시작했지만 거기서 중단하지 않았다.

"마음에 자원하는 남녀는 … 물품을 드렸으니 이것이 이스라엘 자손이 여호와께 자원하여 드린 예물이니라"(출 35:29).

여기서의 드림은 의무인 십일조나 첫 열매를 포함해 그 이상의 자발적인 헌금과 헌물을 가리킨다. 오늘날 많은 사람들이 드리는 것을 배우지 않았기 때문에 드리지 않는다. 율법이 우리를 그리스도께로 인도하는 가정교사인 것처럼(갈 3:24), 십일조는 우리를 '즐거이 자원해 드리는' 길로 인도하는 가정교사가 될 수 있다.

오늘날 미국 그리스도인이 평균 소득의 2.5%를 드리는 것과 대조적으로 우리보다 훨씬 가난했던 이스라엘 백성들은 소득의 23%를 드렸다. 여기서 보여 주는 것은 율법이 은혜보다 약 10배 더 효과적이란 사실이다. '은혜' 아래 있다는 것이 '율법' 아래 있는 것보다 더 낮은 기준으로 사는 것을 의미하지 않는다. 예수님은 결코 기준을 낮추신 적이 없다. 오히려 율법이 요구하는 것보다 더 높이 오를 수 있도록 그 분의 은혜로 능력을 더하신다.

3) 십일조는 하나님이 주시는 복의 원리이다

신앙생활의 실천적 순종을 십일조에서부터 시작하라. 그러면 하나님의 인정과 함께 하심을 느끼게 될 것이다. 십일조를 드리는 많은 그리스도인들이 90%로 100%처럼 감사하게 살아간다고 간증한다. 그들의 재정적인 문제의 발생은 십일조를 할 때가 아니라 십일조를 하지 않을 때부터 시작되었다고 말하는 사람들이 많다. 그럼에도 불구하고 우리는 이 순서를 혼동하고 있다. 십일조는 의무로 시작하지만 즐거움이 되고, 기쁨으로 드리는 자발적인 헌금으로 인도한다. 충성스런 이스라엘 백성들이 순종함으로 움켜쥔 손을 펴고 하나님을 향할 때 그 분이 주시는 수천 가지 유익을 누렸다. 오늘날의 우리도 마찬가지다. 복을 받기 위해 십일조를 드리는 것이 아니라 순종하여 드렸더니 기쁨으로 받으신 하나님께서 더 풍성한 것들로 채워 주시는 경험을 하게 되는 것이다. '십일조는 드림의 결승점이 아니고 출발점이다.'

▣ 드림

그리스도인은 '드리는' 사람이고, '섬기는' 사람이다. 드리는 행위는 나의 삶의 주인이 내가 아니라 하나님이신 것을 생생하게 확인시켜 준다. "내가 중심이 아니라 하나님이 중심이십니다. 당신이 나를 위해 존재하는 것이 아니라 내가 당신을 위해 존재합니다"라고 고백하는 것이다. 이러한 드림의 고백은 자신의 노예로 만들려는 맘몬의 사슬을 단호하게 자른다.

내가 무엇인가를 움켜쥐고 있으면 내가 그것을 소유하고 있다고 믿는다. 그러나 그것을 내려놓고 드리게 되면 부와 함께 따라오는 권력과 명성도 양도하게 되고, 하나님이 주인이시고 나는 종이고 청지기이며, 다른 사람들은 내가 돕도록 주께서 맡기신 존재임을 깨닫게 된다.

"그리스도의 기준과 우리의 기준은 얼마나 다른가! 우리는 얼마나 많이 드려야 하는지 묻는다. 그러나 그리스도는 우리가 얼마나 많이 가지고 있어야하는지 물으신다.”
(앤드류 머레이)

▣ 어떻게 드리나?

1) 관대하게 드려라.

감격에 겨워 한 여자가 예수께 비싼 향유를 부었을 때, 대부분의 사람들은 그녀를 비웃었다(막 14:3-9).

“예수께서 이르시되 가만 두라 너희가 어찌하여 그를 괴롭게 하느냐 그가 내게 좋은 일을 하였느니라”(막 14:6).

어떤 사람들은 그녀의 관대한 드림을 ‘광신적’이라고 보았지만 예수께서는 그것을 ‘사랑’이라고 불렀다. 계산을 잘하는 사람들은 보통 적게 드린다. 하지만 사랑의 마음을 가진 자는 아낌없이 드린다. 그렇다면 과연 얼마만큼이 관대한 것인가? 십일조를 하지 않았다면 마땅히 드려야 하는 십일조로부터 시작하고 당신의 관대함을 늘려가기 시작하라. 또한 그분께 속한 나머지 90%에 대해서도 하나님의 소유권을 인정하라.

2) 정기적으로 드려라.

많은 사람들이 산발적으로 드린다. 마음 내키는 대로 한 달은 드리다가 두 달째는 빼먹고, 휴가 중에는 드리지 않으며, 자녀의 중요한 시험을 앞에 두면 많이 드린다. 그리고 빠뜨린 주의 헌금은 보충하려 하지 않는다. 청지기직은 1년에 한 번 하는 연례행사가 아니라 매월, 매주 훈련과 지속성을 요구하는 헌신이다.

“매주 첫 날에 너희 각 사람이 수입에 따라 모아 두어서 내가 갈 때에 연보를 하지 않게 하라”(고전 16:2).

3) 우선적으로 드려라.

“네 재물과 네 소산물의 처음 익은 열매로 여호와를 공경하라”(잠 3:9).

첫 수확을 드리는 것은 하나님을 모든 삶과 복의 원천으로 인정하는 것이다. 첫 열매는 '가장 좋은 것에서' 취해야 한다. '최고의 것'과 '첫 번째 것'이라는 두 조건을 모두 만족시켜야 한다. 이때 십일조는 헌금의 양을 나타내고 첫 수확은 헌금의 속성을 의미한다. 수입이 생기는 즉시 하나님께 드릴 것을 따로 떼어 놓음으로 하나님이 모든 것보다 우선임을 기억한다. 주급을 받으면서 월말까지 기다린다든지, 월급을 받으면서 연말까지 기다리면, 결국에는 하나님의 것을 도적질하게 된다. 드리는 것을 오래 미룰수록, 그 돈이 없어질 가능성이 높아진다.

4) 자발적으로 드려라.

이스라엘 백성들이 성막을 짓기 위해 헌금하게 되었을 때 '자진하여'와 '자발적인'이란 단어가 계속적으로 강조되었다(출 35:21, 26, 29; 36:3). 마음이 움직이는 모든 사람들이 드렸다. 마찬가지로 도움이 필요한 성도들을 위한 특별헌금을 할 때 바울은 "각각 그 마음에 정한 대로 할 것이요 인색함으로나 억지로 하지 말지니 하나님은 즐겨 내는 자를 사랑하시느니라"(고후 9:7)고 했다. 이러한 구절에 근거하여 사람들은 드리고 싶은 기분이 들 때만 주님께 드려야 한다고 말한다. 그러나 이 말씀의 배경은 예루살렘에 있는 가난한 성도들의 필요를 위한 일회적인 특별헌금에 대한 것이다.

5) 희생적으로 드려라.

마케도니아 그리스도인들에 대해 바울은 이렇게 묘사한다.

"환난의 많은 시련 가운데서 그들의 넘치는 기쁨과 극심한 가난이 그들의 풍성한 연보를 넘치도록 하게 하였느니라 내가 증언하노니 그들이 힘대로 할 뿐 아니라 힘에 지나도록 자원하여"(고후 8:2-3).

어떻게 환난의 많은 시련, 넘치는 기쁨, 극한 가난, 풍성한 연보란 말들이 한 절에서 서로 적절하게 조화될 수 있는가? 이는 드림이 많은 것을 가져야만 할 수 있는 부자들의 사치가 아니라는 것을 말해 준다. 오히려 그것은 가난한 사람들의 특권이다.

드림에는 세 가지 수준이 있다. 능력 이하로, 능력에 따라, 능력 이상으로, 이때 능력 이상으로 드린다는 의미는 무엇인가? 그것은 다룰 수 있는 선을 넘어 드리도록 노력하는 것을 의미한다. 공급자이신 하나님의 신실하심을 바라보는 가난한 과부의 믿음이 필요한 부분이다. 희생적인 드림은 인간적으로는 이해되지 않는 비이성적인 행동으로 보일 수 있다. 그러나 실제로는 하나님께 영광을 돌리고, 다른 사람의 필요를 채우고, 우리에게 영원한 상급을 보장해 주며, 나아가 우리의 필요가 하나님에 의해 채워지는 특별한 경험이다.

6) 뛰어나게 드려라.

바울은 "이 은혜(드리는 일)에도 풍성하게(뛰어나게) 할지니라"(고후 8:7)고 했다. 피아노를 연주하는 것처럼 '드리는 것'도 기술이다. 드림은 연습에 의해 더 잘 하게 된다. 훈련을 통해 더 많이 드리는 것, 더 자주 드리는 것, 보다 전략적으로 드리는 것을 배울 수 있다. 학교나 직장에서는 탁월함을 추구하는 것을 가르친다. 그렇다면 드리는 것은 왜 공부하고, 토의하고, 뛰어나기 위해 노력하지 않는가? 왜 드리는 것에 대해서는 연구하지 않는가?

7) 즐겁게 드려라.

"하나님은 즐겨 내는 자를 사랑하시느니라"(고후 9:7).

드리는 기쁨을 누리는 사람들을 하나님이 기뻐하신다. 성전 개축이 필요함을 보았을 때, 요아스는 상자를 성전 문 밖에 놓았다.

"모든 방백들과 백성들이 기뻐하여 마치기까지 돈을 가져다가 궤에 던지니라"(대하 24:10).

상자가 가득 차면 그것을 비워 다시 놓고 이렇게 차고 비우고를 계속했다. 이 말씀에서 핵심단어는 '기뻐하여'이다. 드릴 때 기뻐하는 여러 가지 이유 중 중요한 것은 드리는 것이 영원에 투자하는 것이기 때문이고, 언젠가 하늘 왕국에서 우리가 드린 것에 대한 구체적인 결과를 보게 될 것을 알기 때문이다. 우리에게 기쁨이 부족한가? 드리는 사람에게 주는 가장 큰 축복 중의 하나가 삶의 기쁨이고 그 기쁨이 하나님께 영광이 된다는 사실을 잊지 말자.

때로는 이렇게 말할 수 있다.

"하나님은 즐거이 내지 않으려면 내지 말라고 하셨어요. 그래서 즐겨내고 싶은 마음이 없으면 드리지 않아요!"

하나님은 즐거이 내기를 원하신다. 사실이다. 그러나 먼저 순종하기를 원하신다는 사실이다. 즐거움으로 가는 길은 드리지 않음으로 가능한 것이 아니라 그렇게 느끼지 않을 때라도 드림으로 가능하다. 즐겁지 않은 것은 우리의 마음에 있다. 해결책은 마음의 방향을 바로잡는 것이지, 드리는 것을 유보하는 것이 아니다. 우리의 마음은 우리의 보물을 따르게 되어 있다(마 6:21). 당신의 보물이 하나님의 왕국에 있으면 즐거운 마음이 결국에는 따라오게 된다. 하나님은 또한 순종하는 사람을 사랑하신다.

8) 경건하게 드려라.

고넬료는 '관대하게 드리고…경건하고 하나님을 두려워하는' 사람으로 묘사되었다. "하나님의 사자가 들어와 이르되…네 기도와 구제가 하나님 앞에 상달되어 기억하신 바가 되었으니"(행 10:1-4)라고 말했다. 고넬료는 드리는 것으로 하나님을 예배했고 주님은 그를 특별하게 생각하셨다. 바울은 마케도니아 성도들의 희생적인 드림에 대해 이렇게 말했다.

"우리가 바라던 것뿐 아니라 그들이 먼저 자신을 주께 드리고 또 하나님의 뜻을 따라 우리에게 주었도다"(고후 8:5).

드리는 것은 기도하고 찬송을 부르는 것과 똑같은 예배이다. 그러기에 어떤 것보다 온전히 하나님께 향해야 한다. 드림은 하나님의 은혜에 의해 당겨진 마음의 반응이다. 우리가 드리는 것은 하나님의 긍휼하심이 먼저 우리에게 향하셨기 때문이다.

9) 비율에 따라 드려라.

우리는 단지 금액만 가지고 관대하다고 말하기 쉽지만 진정한 관대함은 그가 가진 것에서 얼마를 했는지에 따라 결정된다. 부자는 많은 금액을 성전 헌금통에 던지고 과부는 작은 두 동전을 넣었는데 예수께서는 제자들에게 이렇게 말씀하셨다.

"이 가난한 과부는 헌금함에 넣는 모든 사람보다 많이 넣었도다 그들은 다 그 풍족한 중에서 넣었거니와 이 과부는 그 가난한 중에서 자기 모든 소유 곧 생활비 전부를 넣었느니라"(막 12:43-44).

10) 은밀하게 드려라.

예수께서 말씀하시기를, "사람에게 보이려고 그들 앞에서 너희 의를 행하지 않도록 주의하라 그리하지 아니하면 하늘에 계신 너희 아버지께 상을 받지 못하느니라"(마 6:1). 도움이 필요한 사람을 도울 때 사람들에게 칭찬을 받으려는 위선자들처럼 그것을 알리지 말라는 말씀이다. 은밀하게 주고 아무에게도 말하지 않으면 은밀한 중에 보시는 너의 아버지가 갚으신다고 하셨다(마 6:4).

그런데 드림에 있어 과시하는 것은 적절하지 못하지만 어떤 경우에는 믿는 이들의 사랑의 행위가 알려져야 하는 경우도 있다. 사람들에게 보이려고 하면 안 된다고 하시던 예수께서 "이같이 너희 빛이 사람 앞에 비치게 하여 그들로 너희 착한 행실을 보고 하늘에 계신 너희 아버지께 영광을 돌리게 하라"(마 5:16)고 명령하셨다. 어떻게 두 명령을 조화시킬 수 있나? 그것은 '드리는 동기'를 살펴봄으로 가능하다. 사람에게 칭송받으려고 의로운 일을 하지 말라. 그러나 좋은 일을 하나님께 찬양 돌리는 기회로 사용하라. 하나님께서 싫어하시는 것은 우리가 주는 것을 사람들이 알게 되는 것이 아니라 하나님을 기쁘시게 하기보다 사람들에게 잘 보이고자 하는 잘못된 동기이다.

'교회와 목회자들'에게 있어 가장 큰 시험 중 하나는 많이 헌금하는 사람들에게 아첨하거나 편애하지 않고 하나님께서 재정적인 필요를 공급해 주실 것을 신뢰하는 것이다. 그리고 '드리는 자'에게 가장 큰 시험은 아마도 하나님이 영광을 받으시는 데만 관심을 가지고 사람들의 칭찬을 구하지 않고 우리 자신과 자원들을 드릴 수 있는가 하는 것이다.

■ 어디에 드리나?

1) 지역교회

드리는 것은 당신의 양육을 책임지고 있는 그리스도 중심의 영적 공동체인 지역교회에서 시작해야 한다. 구약의 성전은 '보관소'였지만 신약의 교회는 '교환소'로서 도움이 필요한 사람을 돕는 헌금의 통로였다. 일반적으로 첫 열매나 십일조는 지역교회에 드려야 한다고 생각하지만 교회가 자금축적이나 사치, 교세와 번영을 과시하기 위해 헌금을 사용하는 저장소가 되면 안 된다. 십일조 이상의 자발적인 드림은 훌륭한 선교기관 등에 드릴 수 있다. 초대교회 그리스도인들이 땅과 집을 팔아 "판 것의 값을 가져다가 사도들의 발 앞에 두매 그들이 각 사람의 필요를 따라 나누어줌이라"(행 4:34-35). 그리고 그들은 자신의 헌금이 어디로 가야 하는지 주장하지 않았다. 영적으로 자격을 갖춘 교회지도자들에게 그것을 지혜롭게 분배하도록 맡겼다.

또한 교회는 목회자들이 사역에 전념하게 하기 위해 사례비를 지불한다.

"잘 다스리는 장로들은 배나 존경할 자로 알되 말씀과 가르침에 수고하는 이들에게는 더욱 그리할 것이니라.…또 일꾼이 그 삯을 받는 것은 마땅하다"(딤전 5:17-18).

"가르침을 받는 자는 말씀을 가르치는 자와 모든 좋은 것을 함께 하라"(갈 6:6). 바울은 이것을 목회자가 교회로부터 '후원을 받을 권리'라고 부른다. 그러나 교인의 평균 임금보다 너무 많이 받거나 너무 적게 받으면 심각한 문제가 발생한다. 이러한 불균형은 목사와 교인 모두에게 부정적인 영향을 미친다.

2) 기독교 사역기관

아무리 좋은 목적을 가지고 도움을 주더라도 하나님의 영광과 그분의 인간구원 목적이 빠진 사역은 하나님이 기뻐하실 수 없다. 모든 세속적인 기관처럼 똑같은 일을 하지만 '영원의 관점'으로 행하는 크리스천 기관들이 많다. 세속적인 기관들은 유익하고 육체적 고통을 없애는 일은 할 수 있지만, 인간의 구세주를 향한 가장 깊은 필요를 채워 주지는 못한다. 예수 그리스도가 없는 구제나 사역은 인간이 가장 절실하게 필요로 하는 것을 제공하지 못한다.

3) 가난한 사람들

성경은 가난한 사람들을 도울 책임이 우리에게 있다고 말한다. "전 세계적인 굶주림에 대해 나는 책임이 없을 수도 있다. 그러나 하나님이 주신 풍부함으로 적게 가진 사람들을 지혜롭게 도울 책임을 느껴야 한다." 선한 사마리아 사람을 생각해 보라(눅 10:30-37). 강도 만난 불쌍한 사람을 두 종교 지도자들은 지나쳤지만 사마리아인은 그를 돕기 위해 멈추었다. 그의 반응은 죄책감이나 양심의 가책이 아니었다. 이 강도 만난 자를 상하게 한 것에 어떤 책임도 없었지만 그 사람을 돌볼 책임을 스스로 졌다. "너도 이와 같이 하라"(눅 10:37)고 예수께서 말씀하신다. 예수께서는 자신을 인간적으로 가난한 사람들과 동일시 하셨다. 그러기에 우리가 가난한 이들과 나눌 때 실제로는 그리스도와 나누고 있는 것이 된다(마 25:34-45). 만일 굶주리고, 목마르고, 의지할 데 없고, 감옥에 갇힌 그리스도께서 이웃에 살고 계시다면 우리는 그분을 도우려고 하지 않겠는가?

■ 나눔의 유익

1) 나눔으로 하나님과의 관계가 친밀해진다

"네 이웃을 사랑하라"는 명령은 "주 너희 하나님을 사랑하라"는 명령과 분리될 수 없다(마 22:37-39).

"그가 우리를 위하여 목숨을 버리셨으니 우리가 이로써 사랑을 알고 우리도 형제들을 위하여 목숨을 버리는 것이 마땅하니라 누가 이 세상의 재물을 가지고 형제의 궁핍함을 보고도 도와 줄 마음을 닫으면 하나님의 사랑이 어찌 그 속에 거하겠느냐. 자녀들아 우리가 말과 혀로만 사랑하지 말고 오직 행함과 진실함으로 하자 이로써 우리가 진리에 속한 줄을 알고 또 우리 마음을 주 앞에서 굳세게 하리니"(요일 3:16-19).

청지기의 임무 중 하나인 소유를 나눔으로 '주인의 즐거움에 참여하는'(마 25:21) 복을 누리게 되고 예수님의 칭찬을 받게 된다.

"여기 내 형제 중에 지극히 작은 자 하나에게 한 것이 곧 내게 한 것이니라"(마 25:40).

2) 나눔을 통해 그리스도의 몸을 세운다

"이제 너희의 넉넉한 것으로 그들의 부족한 것을 보충함은 후에 그들의 넉넉한 것으로 너희의 부족한 것을 보충하여 균등하게 하려 함이라"(고후 8:14).

그리스도 몸의 한 부분은 더 도움이 필요한 부분에게 도움을 주는 통로로 쓰이고, 어떤 때에는 도움을 받는 위치가 되기도 한다. 당신은 자신에게 "왜 그분이 이렇게 많이 주셨을까?"라고 물어본 적이 있는가? 사치하고 하나님의 공급하심이 없이도 잘 살 수 있도록 풍부하게 주신 것이 아니다. 이 땅에 나의 왕국을 건설하라는 뜻도 아니며 하늘나라의 왕국을 위해 주신 것이다. 우리의 필요를 충족시킬 뿐 아니라 사랑의 통로, 은혜의 통로가 되어 연약한 지체를 세우는데 힘을 다해 온전한 그리스도의 사랑을 이루라는 것이다.

3) 나눔으로 인격이 성숙해진다

예수께서 가난하고 소외된 이들에게 다가가셨고 아낌없이 그들에게 베푸셨다. 나누는 것은 그리스도를 닮는 것이다. 왜 하나님이 어떤 자녀에게는 더 주시고 어떤 자녀에게는 적게 주시나? 그 이유는 자녀들에게 서로 돕는 것을 가르치고 싶으시기 때문이다. 하나님이 더 많은 돈을 주실 때 '이것은 축복이야'라고 생각하기보다 '이것은 시험이야' 라고 말하는 것이 성경적이다. 그것을 가지고 어떻게 사용하는지 테스트하시는 것이다. 베푸는 것은 하나님께서 돈을 모으시는 방법이 아니고 당신의 자녀들을 키우시는 그 분의 방법이다.

4) 나눔은 미리 쌓는 상급이다

"선을 행하고 선한 사업을 많이 하고 나누어 주기를 좋아하며 너그러운 자가 되게 하라. 이것이 장래에 자기를 위하여 좋은 터를 쌓아 참된 생명을 취하는 것이니라"(딤전 6:18-19).

우리가 굶주린 자를 먹이고, 나그네를 집에 들이고, 병든 자를 돌보면 이 모든 행위가 곧 그분께 행하는 것이고 장차 가게 될 하늘나라의 상급을 준비하는 것이 된다.

"내 아버지께 복 받을 자들이여 나아와 창세로부터 너희를 위하여 예비된 나라를 상속받으라 내가 주릴 때에 너희가 먹을 것을 주었고 목마를 때에 마시게 하였고 나그네 되었을 때 영접하였고"(마 25:34-35).

"주라 그리하면 너희에게 줄 것이니 곧 후히 되어 누르고 흔들어 넘치도록 하여 너희에게 안겨 주리라"(눅 6:38)

■ 우리가 나누지 않으면,

1) 가난한 자들에게 나누어 주지 않는 것이 기도의 응답이 없는 이유가 될 수 있다. "귀를 막고 가난한 자가 부르짖는 소리를 듣지 아니하면 자기가 부르짖을 때에도 들을 자가 없으리라"(잠 21:13).

2) 가난한 자들과 나누는 것에 의해 우리가 받는 공급이 부분적으로 결정된다. "가난한 자를 구제하는 자는 궁핍하지 아니하려니와 못 본 체하는 자에게는 저주가 크리라"(잠 28:27).

3) 하나님과의 관계가 바로 서지 못한다. "그는 가난한 자와 궁핍한 자를 변호하고 형통하였나니 이것이 나를 앎이 아니냐. 여호와의 말씀이니라"(렘 22:16).

◼ 하나님 나라에 쌓이지 않는 드림과 나눔

1) 다른 사람에게 보이기 위한 동기로 드리는 것은 이 땅에서 이미 상급을 받았으므로 하늘나라에 쌓이지 않는다.
2) 다른 사람에게 희생적으로 보이더라도 나 자신의 만족을 위한 것이면 나를 위한 것이지 하나님 나라와는 상관이 없다.
3) 내가 주인이 되어 결정한 것은 주인의 뜻과는 상관이 없는 월권행위이므로 하늘나라에 쌓이지 않는다.

"최대한 벌고, 최대한 아끼고, 최대한 나누라."(요한 웨슬리)

※ 실전적용과제 : 부채 상환 계획

1. 십일조가 '드림의 시작이요, 출발점'이란 말의 의미는 무엇입니까?

2. '십일조보다 빚을 먼저 갚아야 한다'는 사람에게 줄 수 있는 말은 무엇인가요?

3. '십일조가 율법이므로 더 이상 할 필요가 없다'는 말에 동의합니까? 아니면 동의하지 않습니까?

4. "이것(의와 인과 신)도 행하고 저것(십일조)도 버리지 말아야 할지니라"(마 23:23)에서 의, 인, 신 으로 드린다는 것은 각각 무엇을 의미합니까?

5. 고후 8:5 에서 '먼저 자신을 주께 드린다'는 의미는 무엇인가요?

6. 다음 구절에서는 우리의 '드림과 나눔'에 대한 자세에 대해 무엇이라 말씀하나요?
  -고전 16:2

  -막 12:43-44

  -대상 29:9, 대하 24:10

  -고후 8:3

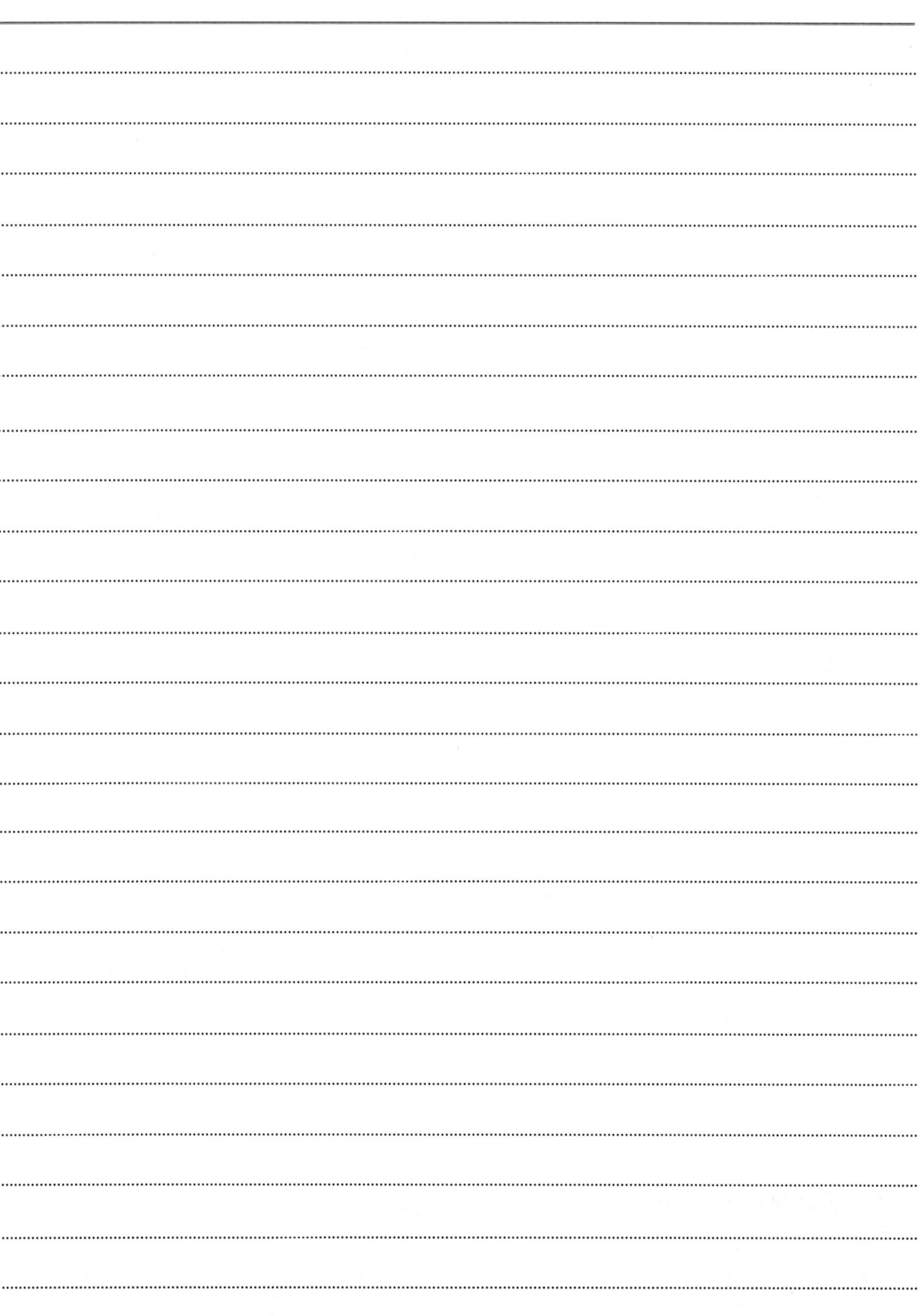

-고후 9:7

-마 6:1-4

7. 막 14:1-9 읽으세요.

- 내가 하나님께 드릴 수 있는 옥합은 무엇이 있습니까?

- 주님을 향한 거룩하고 온전한 헌신을 방해하는 나의 가장 큰 걸림돌은 무엇입니까?

8. 다음 구절들에서 가난한 자들에게 베푸는 것에 대해 어떻게 말하고 있습니까?
  - 레 19:9-10

  - 신 15:10-11

  - 사 58:6-11

9. "주는 것이 받는 것 보다 복이 있다"(행 20:35)란 말씀에 동의하십니까? 그렇다면 그
  '복' 이란 무엇을 가리킵니까?

10. 돈 외에 이웃과 나눌 수 있는 것들은 무엇이 있습니까?

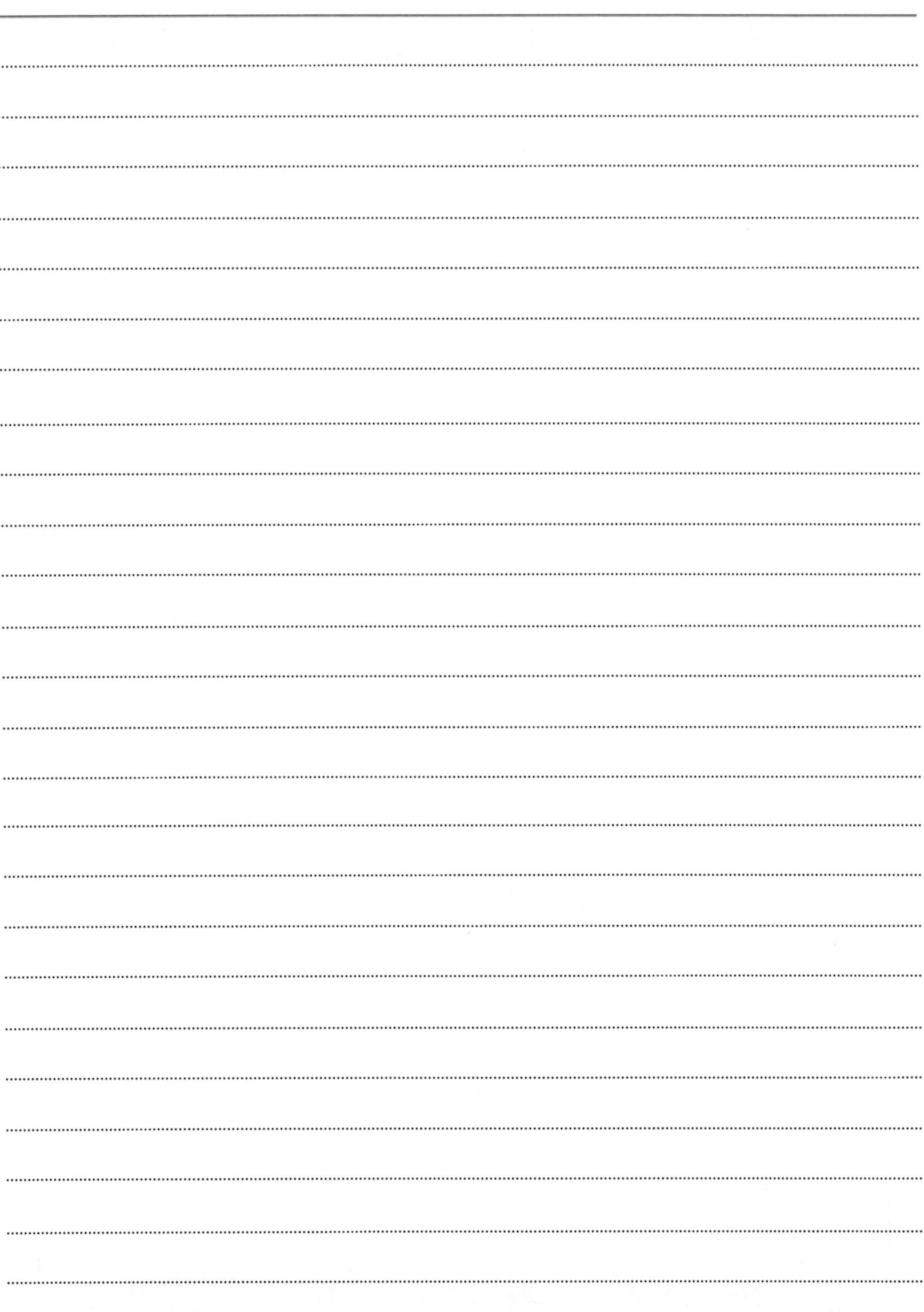

5과 부채 상환계획 (년   월   일 현재)

작성일 :

우선순위	대출기관	전월 잔액	이자율	기 간	월 상환금액	추가 상환	목표 상환일
합 계							

1. 목표

하나님 앞에서 올바른 저축과 투자에 대한 개념과 방법을 알게 한다.

2. 암송구절

"지혜 있는 자의 집에는 귀한 보배와 기름이 있으나 미련한 자는 이것을
다 삼켜 버리느니라"(잠 21:20).

3. 들어가는 말

인류 역사상 가장 풍요로운 사회에 살고 있지만 저축은커녕 빚에 의존하
며 간신히 살아가는 사람들이 많은 반면, 수많은 사람들이 엄청난 돈을 매년
저축성 계좌와 은퇴계좌, 보험으로 지불한다. 그리스도인 청지기들에게 하
나님이 맡기신 자금을 이러한 곳에 투자하는 것이 과연 지혜로운 행동인가?
이러한 계좌를 갖는 것이 영적인가? 또 갖지 않는 것은 무책임한 행동인가?

저축이나 보험은 우리에게 위험 신호인가? 그것들을 평가할 수 있는 성경적인 원리가 있는가?

"세상적인 부는 사용하기 위해 주어졌지 쌓으라고 준 것이 아니다. 움켜쥐는 것은 우상숭배다."(디트리히 본회퍼)

 ## 4. 들어가는 질문

1) 당신이 저축을 하고 있다면 왜 합니까? 하고 있지 않다면 그 이유는 무엇입니까?

2) 드림과 나눔을 저축하는 것과 어떻게 균형을 맞출 수 있을까요?

|||||||||||||||||||||||||||||||||||||| **본 문** ||||||||||||||||||||||||||||||||||||||

▣ 저축

저축이 없는 상태에서 직업을 잃거나 예상 밖의 주요비용이 발생하면 빚을 지거나 다른 사람들에게 손을 벌릴 수밖에 없다. 이런 면에서 저축의 목적은 당장 써 버리는 대신 미래에 생길 수 있는 일을 위해 자원을 보존하는 것이다.

"지혜 있는 자의 집에는 귀한 보배와 기름이 있으나 미련한 자는 이것을 다 삼켜 버리느니라"(잠 21:20).

하나님의 영감에 의해 요셉은 다가오는 이집트의 기근에 대비하여 7년의 풍년 동안 수확의 20%를 저축했다. 이후 7년의 기근이 닥쳤을 때 준비해 둔 것으로 이집트뿐만 아니라 이웃 나라에게도 나눌 수 있었다. 미래의 기근을 대비하지 않고 지금 잔치를 즐기는 것은 자원을 잘못 관리하는 어리석은 일이다.

첫 열매를 하나님께 드리고 난 후 미래의 목적을 위해 수입의 다음 부분을 저축하고, 남은 것으로 소비하는 것이 지혜롭다. 그렇지 않으면 모든 것을 소비하기 때문에 드리거나 저축할 것이 남지 않는다.

1) 저축하는 이유

"게으른 자여 개미에게 가서 그가 하는 것을 보고 지혜를 얻으라 개미는 두령도 없고 감독자도 없고 통치자도 없으되 먹을 것을 여름 동안에 예비하며 추수 때에 양식을 모으느니라"(잠 6:6-8).

개미라 하더라도 여름에 식량을 준비해 놓지 않으면 겨울에 고생할 것을 안다. 성경에는 구체적인 목적이 있는 저축은 격려한다. 가족휴가나 집수리 등을 위해 단기적으로 저축할 수 있다. 요셉의 경우에서 보듯이 장기적인 저축으로 은퇴 후의 소득 감소를 대비할 수 있고 10년 후의 자녀 대학학자금을 위해 조직적으로 저축할 수 있다. 또한 하나님 나라의 확장을 위한 목표를 가지고 저축할 수 있다.

반면 저축에 대한 잘못된 이유들도 있다. 욕심 때문에, 단지 구두쇠이기 때문에, 미래에 대한 두려움 때문에 돈을 모을 수 있다. 이러한 마음의 자세는 하나님으로부터

102

자신을 차단하며 그의 공급하심과 보호하심에 더 이상 의존하지 않으려는 태도를 보여
준다. 반대로 저축하지 않는 이유가 가진 것을 의존하지 않고 다른 사람의 필요를 채
우기 위해 나누어야 한다는 믿음과 확신 때문이라면 마가복음 12장의 가난한 과부와
고린도후서 8장에 나오는 마케도니아 그리스도인의 무리에 속한다. 그러나 문제는 방
종이나 준비와 절제의 부족 때문에 저축하지 않는다면 하나님이 축복하지 않으신다는
것이다.

2) 저축과 축적의 구분

'저축'은 뚜렷한 목적을 가지고 미래의 필요에 책임을 다하는 것이므로 다른 사람들
에게 기대는 것을 피할 수 있다. '축적'은 저축이 극단으로 간 것으로 재난을 대비한다
거나 필요를 보충하는 것 이상의 어떤 목적도 없이 쌓기만 하는 것이다. 이 움켜쥐는
것의 예는 '어리석은 부자의 이야기'(눅 12:18-21)에서 찾을 수 있다.

"한 부자가 그 밭에 소출이 풍성하매 심중에 생각하여 이르되 내가 곡식 쌓아 둘
곳이 없으니 어찌할까 하고 또 이르되 내가 이렇게 하리라 내 곳간을 헐고 더 크게 짓
고 내 모든 곡식과 물건을 거기 쌓아 두리라 또 내가 내 영혼에게 이르되 영혼아 여
러 해 쓸 물건을 많이 쌓아 두었으니 평안히 쉬고 먹고 마시고 즐거워하자 하리라"(눅
12:16-19).

이렇듯 '축적'은 다른 사람을 충분히 도울 수 있고 도와야 하는 상황임에도 그 요청
을 외면하면서까지 자신의 재정적 확충을 위해 움켜쥐는 것을 말한다. 우리가 개미에
게서 배우는 또 다른 교훈이 있다. 날씨가 안 좋으면 개미탑이 커지고 날씨가 따뜻할
수록 개미탑은 작아진다. 그 이유는 개미는 다가오는 겨울을 위해서만 저축하지 다가
오는 10년의 겨울을 준비하지는 않기 때문이다. 그러므로 저축과 축적의 차이는 단순
히 금액에 있는 것이 아니라 태도에 달려 있다.

3) 은퇴를 위한 저축

이것이 잠언에서 칭찬하는 미래를 예측하여 세운 적절한 계획인가, 아니면 하나님
이 공급해 주지 않을 경우를 대비하는 후속조치로 하나님을 신뢰하는 것에 대한 대안
인가? 많은 재정상담가들이 당신에게 은퇴를 위해 충분히 저축하고 있지 않다고 말할
지 모른다. 그러나 성경을 읽을 때 당신이 너무 많이 쌓고 있다는 생각에 놀라지는 않

는가?

지나치게 넉넉한 은퇴계좌를 유지하는 것이 어리석은 부자가 미래를 편안하고 안전하게 살기 위해 축적한 것과 근본적으로 무엇이 다른가? 하나님은 은퇴를 포함하여 미래를 위해 저축하는 것을 금지하기보다 격려하시지만 어리석은 부자의 예에서 보듯이 "축적하지 말고 망설임 없이 주라"는 명확한 지시를 하셨다.

"어리석은 자여 오늘 밤에 네 영혼을 도로 찾으리니 그러면 네 준비한 것이 누구의 것이 되겠느냐 하셨으니 자기를 위하여 재물을 쌓아 두고 하나님께 대하여 부요하지 못한 자가 이와 같으니라"(눅 12:20-21).

따라서 은퇴를 위한 저축으로 얼마가 적절한가는 하나님과 상의해서 결정해야겠지만 지나치게 많은 돈을 축적해 두려는 계획은 결코 바람직하지 않다.

은퇴를 위한 저축에서 고려할 내용은,

- 평균수명의 연장으로 은퇴 후에도 이삼십년을 위한 자금이 필요하다. 구체적인 계산으로 계획을 세우는 것이 필요하다.
- 은퇴준비는 가능한 한 일찍 시작하는 것이 좋다.
- 노후자금 준비가 적절하게 되면 그 이상 더하려 애쓰지 말고 하나님께 대하여 부요한 자로 베푸는데 전력을 다한다.

▣ 투자

성경은 투자를 해야 한다고 직접적으로 말하지는 않지만 부동산 사업처럼 투자의 사례를 제시하고 있다(잠 31:16). 예수께서는 재정적인 이익을 얻기 위한 방법으로 투자를 예로 들고 있다(마 25:14-29, 눅 19:12-26). 이것은 그분이 지혜로운 투자를 허용하신 것을 암시하고, 투자를 금지한 것이 아님이 분명하다. 이 땅이 아니라 하늘나라에 보화를 쌓음으로 영원한 것에 투자하라는 그분의 명령은, 이 땅의 투자에 올바른 관점을 가지라는 것이지 그것을 하지 말라는 뜻이 아니다. 그러므로 '영원의 관점'에서 올바른 투자목표를 가지고 부지런히 경영을 하면 하나님이 기뻐하시는 투자가 되겠지만, 옳지 못한 목적으로 하는 투자는 '투기'로 변질되고 여러 위험 요소로 인해 우리의 삶을 망가뜨리게 된다.

1) 투자의 목적

　① 은퇴나 학자금 준비와 같은 장기적인 목표를 달성하기 위해.

　② 하나님 나라의 사역과 도움이 필요한 사람들을 위한 자원 확보를 위해.

　③ 사업의 확장과 빚을 지지 않고 사업을 경영할 수 있도록.

2) 잘못된 투자의 목적

　① 두려움과 불안

　하나님은 우리의 물질적인 필요를 공급하시겠다고 약속하셨다. 그렇지만 개인의 왕국을 위해 투자하는 것은 책망하신다.

　② 부유해지고자 하는 욕망

　성경은 우리가 부유해지고자 하는 것은 돈을 사랑하는 것이라고 말한다.

　"부하려 하는 자들은 시험과 올무와 여러 가지 어리석고 해로운 욕심에 떨어지나니 곧 사람으로 파멸과 멸망에 빠지게 하는 것이라 돈을 사랑함이 일만 악의 뿌리가 되나니 이것을 탐내는 자들은 미혹을 받아 믿음에서 떠나 많은 근심으로써 자기를 찔렀도다"(딤전 6:9-10).

　많이 가지고 있는 것이 잘못이 아니라 이것이 목적이 되고, 자기가 주인이 되려는 것을 책망하신다.

3) 얼마만큼의 위험부담이 적절한가?

　투자는 일정한 부분 위험을 내포하지만, 잘못된 목적으로 투자를 하면 지나친 위험에 노출된다. 하나님의 돈으로 어느 정도의 위험을 감수해야 하는가? 투자로 시작했지만 위험을 감수하는 과정에서 투기로 변질되지는 않았는지 돌아보아야 한다. 위험부담을 지는 것이 모두 도박은 아니지만 위험이 너무 크면 그 선을 넘은 것이다. 투자를 한다면 위험에 대해 이해하고 그것에 대해 불안해하면 안 된다. 돈만 생각할 것이 아니라 시간과 에너지, 감정의 이입 등도 고려해야 한다. 어떻게 보면 투자에 있어 돈이 가장 적은 비용일 수 있다.

• 성경은 조급한 투기를 경계하며 지속적인 노력이 필요한 투자원리를 가르치고 있

다. "부지런한 자의 경영은 풍부함에 이를 것이나 조급한 자는 궁핍함에 이를 따름
이니라"(잠 21:5).

* 많은 사람들이 한 번에 조금씩 돈을 모으는 것에 만족하지 않는다. "망령되이 얻은
재물은 줄어가고 손으로 모은 것은 늘어가느니라"(잠 13:11).
* 어떤 투자든지 잠재적인 수익이 높을수록 이에 따른 위험도 증가한다.

모든 투자는 위험이 있다. 심지어 농사를 짓는 것에도 안전이 보장되지 않는다. 어
떤 위험은 필요하고, 적절하고, 부담할 가치가 있지만 어떤 것은 그렇지 못하다. 즉
단기간에 높은 소득을 보장하는 투자는 반드시 높은 위험부담이 따라오므로 피해야 한
다. 위험부담을 최소화하는 바람직한 투자의 원리는 '영원성'에 근거한 투자목적을 가
지고 수입보다 적게 소비하며 장기간에 축적된 그 차액을 저축하며 투자하는 것이다.

주식시장에 투자하는 사람들은 투자가 그들의 주된 관심이 되지 않도록 냉철해야
한다. 주식시장의 오름과 내림에 따라 마음과 행복지수가 오르내리는 그리스도인들은
그곳에 투자해서는 안 된다. 우리 모두는 무엇인가를 신뢰한다. 우리가 신뢰하는 대상
이 믿을 만하면 할수록 염려할 필요는 적어진다. 주식시장이 하나님이 아니고, 〈월 스
트리트 저널〉이 성경이 아니며, 자산관리인이 제사장이 아니며, 재정 전문가가 예언
자가 아니다(예언자는 자기의 예언이 성취되지 않으면 죽임을 당했다). 그렇다고 주식
투자가 모두 나쁘다는 것이 아니다. 다만 믿을 만하지 못하고 위험이 있다는 뜻이다.

4) 투자에 지나치게 몰두하면,

① 신앙생활이 방해 받는다.

모든 관심이 주식시장에 가 있고 마음이 나뉘게 되어 하나님께 집중하지 못한
다. 하나님의 뜻을 구하기보다는 나의 목표를 관철시키려는데 집중하게 된다. "이
런 사람은 무엇이든지 주께 얻기를 생각하지 말라. 두 마음을 품어 모든 일에 정함
이 없는 자로다"(약 1:7-8).

② 삶의 소중한 요소들을 잃게 만든다.

투자에 온 마음과 시간을 쏟음으로 그 관심과 시간을 나누어야 하는 가족이나
관계들, 건강, 일 등과 그것에서 누릴 수 있는 감사와 기쁨들을 잃을 수가 있다.

③ 자족이 없고 의욕을 잃는다.

투자가 이윤을 내는 경우 만족할 것 같지만 곧 더 큰 이익을 꿈꾸게 되고 손실을
보는 경우 상실감으로 인해 모든 의욕을 잃게 만든다.

5) 성경적인 투자 원칙

① 미래를 장담하지 마라.

"들으라. 너희 중에 말하기를 오늘이나 내일이나 우리가 어떤 도시에 가서 거
기서 일 년을 머물며 장사하여 이익을 보리라 하는 자들아 내일 일을 너희가 알지
못하는도다 너희 생명이 무엇이냐 너희는 잠깐 보이다가 없어지는 안개니라"(약
4:13-15).

② 급하게 투자 결정을 하지 마라.

특히 욕심이나 두려움의 동기로 결정하는 것을 피하라. "망령되이 얻은 재물
은 줄어가고 손으로 모은 것은 늘어가느니라"(잠 13:11). "충성된 자는 복이 많
아도 속히 부하고자 하는 자는 형벌을 면하지 못하리라"(잠 28:20). 투자할 상품
과 이 상품을 판매하는 중개인에 대해 충분히 알아보는 것도 필요하다. "악한 눈이
있는 자는 재물을 얻기에만 급하고 빈궁이 자기에게로 임할 줄은 알지 못하느니라"
(잠 28:22).

③ 보증을 서지 마라.

"타인을 위하여 보증이 되는 자는 손해를 당하여도 보증이 되기를 싫어하는 자
는 평안하니라"(잠 11:15). "지혜 없는 자는 남의 손을 잡고 그의 이웃 앞에서 보
증이 되느니라"(잠 17:18). "너는 사람과 더불어 손을 잡지 말며 남의 빚에 보증을
서지 말라 만일 갚을 것이 네게 없으면 네 누운 침상도 빼앗길 것이라 네가 어찌 그
리하겠느냐"(잠 22:26-27).

④ 투자의 위험을 계산해 보라.

"너희 중의 누가 망대를 세우고자 할진대 자기의 가진 것이 준공하기까지에 족
할는지 먼저 앉아 그 비용을 계산하지 아니하겠느냐"(눅 14:28). 당신이 택하려는

위험부담이 가치가 있는가? 투자 상품을 소개하는 사람들이 돈을 잃을 위험에 대해 언급하는 일은 거의 없다. 왜 위험을 지려고 하는가? 위험이 실제로 발생하여 투자금액을 잃어버려도 괜찮은가? 그 위험성은 당신의 재정 상태에 어떤 변화를 줄 것인가?

⑤ 염려를 일으키는 투자를 피하라.

　"여호와여 내 마음이 교만하지 아니하고 내 눈이 오만하지 아니하오며 내가 큰 일과 감당하지 못할 놀라운 일을 하려고 힘쓰지 아니하나이다"(시 131:1). "그러므로 염려하여 이르기를 무엇을 먹을까 무엇을 마실까 무엇을 입을까 하지 말라"(마 6:31).

⑥ 배우자와 재정적인 영역에서 일치를 유지하라.

　성경 곳곳에서 부부는 서로 의논하고 부부간에 연합을 이룰 것을 권고하고 있다. 종종 하나님은 우리가 현실을 직면하도록 배우자를 사용하신다. 따라서 교만하거나 어리석어 하나님이 당신에게 허락하신 파트너를 통한 유익을 잃지 않도록 늘 유의하라.

⑦ 잃어버리면 안 되거나 빌려서 투자하는 것을 피하라.

　"부자는 가난한 자를 주관하고 빚진 자는 채주의 종이 되느니라"(잠 22:7).

⑧ 속임수를 피하라.

　"악인의 삯은 허무하되 공의를 뿌린 자의 상은 확실하니라"(잠 11:18). 단기간에 지나치게 높은 수익률이나 이자율을 보장하는 투자를 경계하라. 재물에 대한 지나친 소유욕 때문에 위험한 투기성 투자나 사기성 투자에 속는 경우가 허다하다.

⑨ 분산투자가 필요하다.

　"일곱에게나 여덟에게 나눠 줄지어다 무슨 재앙이 땅에 임할는지 네가 알지 못함이니라"(전 11:2). 수익을 보장하는 투자는 없으며 그 손실은 언제, 어느 부분에서나 발생할 수 있다. 항상 분산투자를 고려하라.

⑩ 지혜로운 재정 상담을 받으라.

하나님의 말씀을 통해서 최고의 재정적인 조언을 구할 수 있다. "나를 훈계하신 여호와를 송축할지라 밤마다 내 양심이 나를 교훈하도다"(시 16:7). 중요한 결정을 할 때 한 사람 이상의 조언도 중요하지만 무엇보다 지혜의 근본인 하나님을 두려워하는 성경적인 재정상담가의 권면이 귀중하다. 아울러 지식과 인격도 고려할 필요가 있다. 그러나 조언을 받더라도 결정은 당신의 몫이다. 의심이 있으면 더 이상 진행해서는 안 된다.

▣ 보험

'보험'은 손실에 대한 '보장'이다. 상대적으로 적은 돈으로 보험에 가입하여 많은 손실이 발생했을 때 보장 받는다. 어떤 사람은 그리스도인이 세상적인 보험에 의지하는 것은 하나님만을 의지하는 믿음이 부족하기 때문이라고 말한다. 하나님이 인생의 모든 위험에서 보호해 주고 필요를 공급해 준다고 약속하셨는데, 보험을 이용하는 것은 하나님보다 보험을 더 의지한다는 논리이다.

성경에서는 믿음의 중요성과 함께 지혜의 중요성도 함께 가르치고 있다. 지혜는 세상을 창조하신 하나님의 또 다른 이름으로 성경에 500회 이상 기록되어 있다. 물론 믿음이 하나님과의 관계를 맺는데 절대적인 요소이지만, 지혜를 무시하고 무계획적으로 살라는 것은 아니다. 예기치 못한 재난이나 질병의 치료비, 가장의 부재에 대한 생활대책을 위해 보험을 드는 일은 지혜로운 행동이다. 병이 들면 병원에 다니고 약을 먹으면서 기도하는 것이 지혜로운 것처럼, 보험과 같은 상품을 지혜롭게 활용하는 것도 하나님이 자녀를 보호해 주시고 공급하시는 또 다른 모습이다.

그렇지만 보험의 가장 큰 위험은 그것이 하나님께 의존하는 마음을 쉽게 빼앗아 갈 수 있다는데 있다. 자동차 사고가 나면 차량보험이, 집에 불이 나면 화재보험이, 다치면 상해보험이, 학자금은 교육보험이, 은퇴하면 국민연금이, 죽으면 생명보험이 나의 필요를 완벽하게 공급한다면 구태여 하나님을 의존할 필요가 있는가? 문제는 그것이 하나님이 주신 공급하심의 수단인가, 아니면 하나님을 불필요하게 만드는 회피책인가? 우리는 보험이 하나님의 대체품으로 또 다른 우상이 되지 않도록 동기를 잘 살펴야 한다.

▣ 도박

적절한 위험부담과 도박 사이에는 차이가 있다. 도박은 일을 해서 소득을 만드는 하나님의 창조질서를 깨고 지름길을 추구한다. 도박에 있어서 부의 분배는 일, 서비스, 혹은 개인적인 필요에 의해서가 아니라 오로지 '우연'에 의해서 일어난다. 여기에다 빨리 부해지고자 하는 욕망과 일확천금의 꿈을 꾸는 사람들을 카지노와 경마장으로 유혹하고 있다. 도박의 가장 큰 역설 중의 하나는 대부분의 사람들이 돈을 잃는다는 것이고, 극소수의 사람만 돈을 따는데, 그마저도 그들을 행복하게 만들지 못할 뿐아니라 심지어 그들의 삶을 망치기도 한다는 사실이다. 그럼에도 불구하고 많은 사람들은 도박을 아무 해도 없는 오락으로 생각한다. 이는 여러 형태의 복권에도 적용되어 (현재 국가에서 공인한 복권이 15종류에 달한다.) 어린 학생부터 노인에 이르기까지 거리낌 없이 빠져 들고 있다. 도박은 평범한 사람들에게 잘못된 희망을 추구하게 만들며, 중독으로 이끈다.

우리 모두는 무엇인가를 신뢰한다. 우리가 신뢰하는 대상이 믿을 만하면 할수록 염려할 필요는 적어진다.

※ 실전적용과제 : 예산조정양식

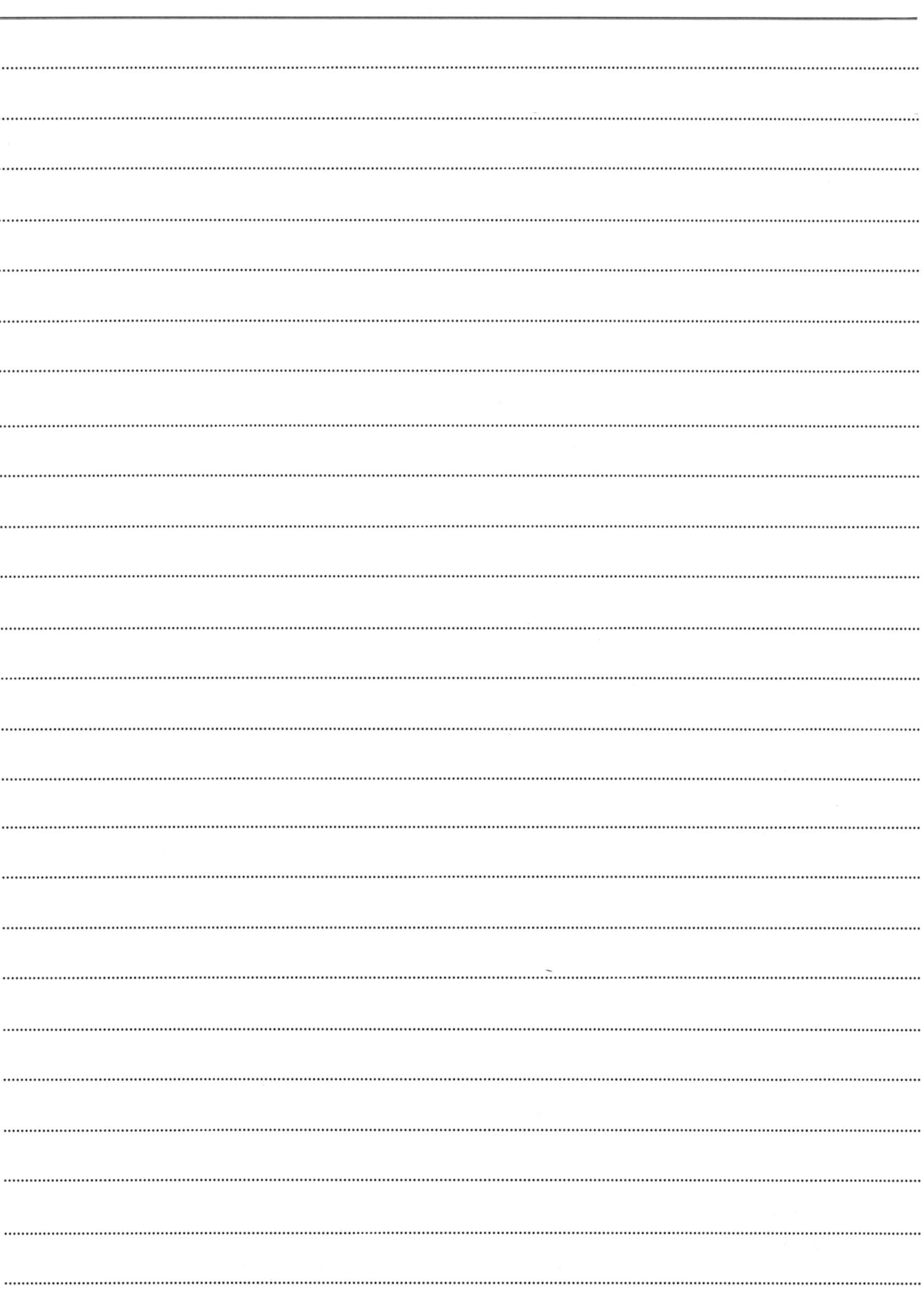

1. 다음 성경구절에서 말하고 있는 것은 무엇인가요?
- 창 41:34-36

- 약 5:1-5

2. 하나님께서 이스라엘 백성의 축적하는 것을 허락하지 않으신 이유는 무엇입니까? (출 16:16-20)

3. 눅 12:16-21에서 보여 주시는 교훈은 무엇입니까?

4. 저축과 축적의 차이가 무엇이라고 생각합니까?

5. 잘못된 투자의 목적과 그것을 벗어나는 길은 무엇입니까? (딤전 6:9-11)

6. 투자가 투기로 변질될 수 있나요? 어떤 경우에 그렇게 되나요?

7. 다음 성경구절에 나오는 성경적 투자 원리를 적으세요.
- 눅 14:28

- 잠 19:14

- 잠 19:20-21

- 잠 21:5

- 전 5:13-15

- 전 11:2

8. 저축, 은퇴계좌, 보험이 공통으로 다루는 동일한 문제와 위험은 무엇입니까?

9. 영원의 관점에서 가장 바람직한 투자는 무엇입니까? (마 6:21)

10. 투자를 할 때 심각하게 고려해야 할 것은 무엇이며, 경험이나 예가 있다면 서로 나누
    십시오. (약 4:13-15)

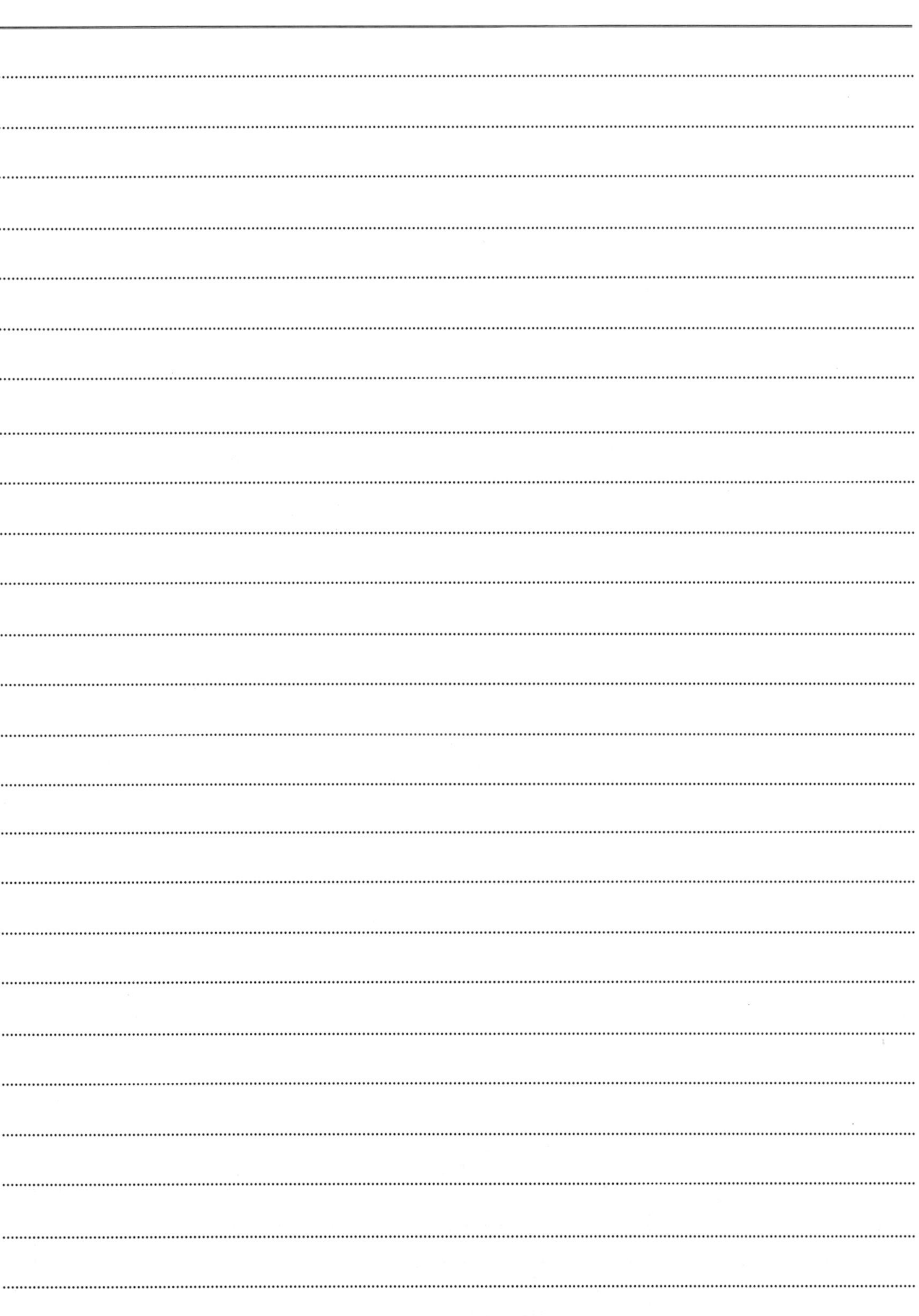

6과 예산과 실적 비교

월		월		
		예산	실적	차이
소 득	급여 / 사업소득			
	임대 / 금융소득			
	기타 소득			
	수입 합계(1)			
우선순위 비용	첫열매와 나눔			
	세 금			
	빚 상환			
	저축 (은퇴, 교육 등)			
	소계(2)			
소비 가능한 금액 ((1)-(2)=(3))				
생활비	주거비			
	음식비			
	의복비			
	통신비			
	교통 차량비			
	의료비			
	보험료			
	교육비			
	오락 외식비			
	경조 선물비			
	잡 비			
	기 타			
	기 타			
	생활비 합계(4)			
순이익				
	순이익 ((3)-(4))			
	추가로 나눔			
	미래를 위한 저축			

월			월			월		
예산	실적	차이	예산	실적	차이	예산	실적	차이

1. 목표

일과 직업에 대한 하나님의 뜻을 알고 바른 마음으로 행하도록 이끈다.

2. 암송구절

"또 너희에게 명한 것 같이 조용히 자기 일을 하고 너희 손으로 일하기를 힘쓰라 이는 외인에 대하여 단정히 행하고 또한 아무 궁핍함이 없게 하려 함이라"(살전 4:11-12).

"주 여호와의 영이 내게 내리셨으니 이는 여호와께서 내게 기름을 부으사 가난한 자에게 아름다운 소식을 전하게 하려 하심이라 나를 보내사 마음이 상한 자를 고치며 포로된 자에게 자유를, 갇힌 자에게 놓임을 선포하며"(사 61:1).

3. 들어가는 말

일은 사회에 공헌하고 만족감을 누리고 가족들의 물질적인 필요를 채워주는 하나님의 기름 부으신 수단이다. 나이와 능력, 건강상태 등과 관계없이 돈을 받지 않거나 단순한 것이라도 거의 모든 사람들은 일을 통해 가족과 사회에 의미 있는 공헌을 할 수 있다. 그러나 많은 그리스도인들이 세상 가운데서 직업을 가지고 일을 하며 살아가는 것은 하나님과 상관이 없는 것처럼 행동한다. 내 능력과 내 지식, 내가 만드는 인간관계로 일을 하여 돈을 벌었으므로 내 마음대로 쓸 수 있다고 생각한다. 그래서 일을 하는 목적이나 태도, 방법에서 자연스레 하나님을 제외시킨다. 일을 통해 돈을 버는 것과 만족감이나 성취감 등이 일 하는 최고의 목적이 되어 그것들을 위해서라면 적당한 불법이나 편법 등은 용서될 수 있다는 사고방식이 팽배해 있다. 심지어 그렇게 일 하는 사람을 능력이 있다고 평가한다. 그렇다면 하나님의 자녀로 살아가는 우리들의 일에 대한 개념과 목적, 태도 등은 어떻게 달라야 하는가? 과연 하나님께서 '일'을 통해 이루고자 하시는 것은 무엇일까?

4. 들어가는 질문

1) 당신은 일을 하고 있습니까? 일하는 목적은 무엇입니까?

2) 일과 신앙 사이에 갈등이 있다면 어떤 것이 있습니까?

||||||||||||||||||||||||||||||||||| **본 문** |||||||||||||||||||||||||||||||||||

▣ 일과 직업

"태초에 하나님이 천지를 창조하시니라"(창 1:1).

첫째 날부터 여섯 째 날까지 우주와 하늘과 땅, 식물과 동물을 만드셨고 마지막에 모든 창조의 목적이었던 사람을 창조하셨다. '창조' 그것은 하나님이 하신 '일'이다. 우리 인간은 하나님의 형상대로 창조되었고(창 1:27), 하나님을 반사하는 삶을 살며 그분의 영광을 드러내야 하는 존재이다. 우리가 하나님의 형상이라면 우리도 그분처럼 일 해야 한다. 하나님처럼 창조하는 것이 인간의 사명이다.

▣ 일을 하는 목적

1) 하나님의 성품을 키운다.

우리의 일터는 일을 하는데 필요한 인내와 부지런함 그리고 정직과 절제 등을 배울 수 있는 훈련장이다. 일을 통해 하나님의 성품을 닮고 하나님과 친밀한 관계를 형성함으로 그 분의 영광을 드러낸다.

2) 가족의 필요를 채운다.

"누구든지 자기 친족 특히 자기 가족을 돌보지 아니하면 믿음을 배반한 자요 불신자보다 더 악한 자니라"(딤전 5:8). 성경은 물질적인 필요를 만족시키고 가족의 부양을 위해 돈을 버는 주요 수단으로 일하는 것을 강조한다.

3) 하늘나라에 상급을 쌓는다.

"도둑질하는 자는 다시 도둑질하지 말고 돌이켜 가난한 자에게 구제할 수 있도록 자기 손으로 수고하여 선한 일을 하라"(엡 4:28). 일을 함으로 돈을 버는 것은 시작에

불과하다. 수고하여 일함으로 대가를 받고 그것을 하나님 나라와 이웃을 위해 사용해야 한다. 남을 위해 일을 한다는 것은 도덕적인 것을 넘어서 하나님 보시기에 거룩한 행위가 된다. 열매가 자신을 위해서가 아니라 수확하는 사람을 위해서 열리는 것처럼 일을 통해 수확을 나누는 것은 마땅히 해야 할 일이고, 우리를 위해 보물을 하늘에 쌓는 영원에 투자하는 일이기도 하다.

4) 사회에 선한 영향력을 끼친다.

"또 너희에게 명한 것 같이 조용히 자기 일을 하고 너희 손으로 일하기를 힘쓰라 이는 외인에 대하여 단정히 행하고 또한 아무 궁핍함이 없게 하려 함이라"(살전4:11-12). 이 말씀은 우리가 열심히 일해야 하고 열심히 일하는 미덕을 세상에 보여 주어야 한다고 말한다. 그리스도인이기에 더 정직하고 더 관대하고 더 친절하게 그리고 더 희생적으로 일해야 한다.

▣ 잘못된 일의 목적

1) 욕심을 채우려고 일을 한다.

"욕심이 잉태한즉 죄를 낳고 죄가 장성한즉 사망을 낳느니라"(약 1:15). 욕심은 브레이크가 고장 난 채로 달리는 자동차와도 같다. 어딘가에 부딪치지 않는 한 결코 설 수 없다. 만족할 줄 모르고 끊임없이 소유하고자 한다. 또한 가진 것을 남에게 과시하려고 하고, 과시하고픈 욕구는 더 크고 다양한 욕심을 갖게 한다. 이 욕심을 채우기 위해서라면 옳지 못한 행동도 불사하게 되고 이는 결국 파멸에 이르러서야 멈추게 된다.

2) 돈을 사랑하며 모으기 위해 일을 한다.

"돈을 사랑함이 일만 악의 뿌리가 되나니 이것을 탐내는 자들은 미혹을 받아 믿음에서 떠나 많은 근심으로써 자기를 찔렀도다"(딤전 6:10). 돈을 사랑하여 돈을 벌어 쌓아놓는 것을 목적으로 살아간다. 그것이 유일한 낙이므로 재산이 줄어드는 것을 두려워해서 돈을 쌓아놓고도 아까워서 쓰지 못하고 궁색하게 살며 남에게도 인색하다.

3) 일중독 때문에 중단 없이 일을 한다.

일 자체가 목적이고, 하나님과 가족, 이웃과의 관계를 희생하면서까지 일을 한다. 일을 중단하거나 휴식을 취하는 것을 두려워한다.

■ 일 하는 자세

"무슨 일을 하든지 마음을 다하여 주께 하듯 하고 사람에게 하듯 하지 말라 이는 기업의 상을 주께 받을 줄 아나니 너희는 주 그리스도를 섬기느니라"(골 3:23-24).

그리스도인들은 하나님을 고용주로 생각해야 한다. 마음을 다한다는 것은 우리의 영을 다한다는 것이고, 우리 안에 계신 성령께서 나를 통해 일을 하시도록 맡기는 것이다. 사실 중요하고 위대한 일은 우리에 의해 일어나는 것이 아니라, 우리를 통해 일어난다.

1) 하나님 앞에서 일한다.

일과 사업을 할 때 끊임없이 기억해야 할 것은 내가 주인이 아니고 청지기란 사실이다. 세상에서의 평가 이전에 주님 앞에서 결산하는 자세를 지녀야 올바른 방향으로 나아갈 수 있다. 그리고 하나님 앞에서 손이 깨끗하며 뜻을 하나님께로 향하며(시 24:3-4), 지속적인 성령의 임재 속에서 일과 사업의 세세한 부분까지 하나님의 뜻을 묻고 성령의 인도를 받아야 한다. **돈을 사랑하지 않으며(딤전 6:10), 두 주인을 섬기지 않고(마 6:24, 눅 16:13), 두 마음을 가지지 않은(약 1:8) 사람**이어야 한다. 일과 사업이 하나님을 영화롭게 하는 근본적인 목적에서 벗어나지 않도록, 하나님의 방향과 방법에서 떠나지 않도록 기도하는 사람이 되어야 한다.

2) 부지런해야 한다.

"손을 게으르게 놀리는 자는 가난하게 되고 손이 부지런한 자는 부하게 되느니라"(잠 10:4).

성경은 게으름에 대해 끊임없이 경고하며 부지런히 일할 것을 권하고 있다. 많은 그리스도인들은 예수의 이름으로 간구하고 기다리면 그리 애써서 일하지 않고도 잘 할수 있다고 잘못 생각한다. 근본적으로 재물은 하나님께로부터 오지만 그 과정에서 우리의 노력을 필요로 한다.

3) 정직해야 한다.

사업을 하는 그리스도인들은 적절한 가격을 책정하고 정직한 저울을 사용해야 한다.

"한결같지 않은 저울 추와 한결같지 않은 되는 다 여호와께서 미워하시느니라"(잠 20:10).

믿는 사람은 제품이나 서비스를 팔 때 완전한 진실을 말해야 한다. 피고용인으로 일하는 자들도 고용주에게 정직해야 한다. 하나님이 보고 계시고 모든 행위에 대해 책임을 물으실 것이다. 만일 부정직함을 깨달았다면 즉시 하나님의 용서를 구하고 돌이켜야 한다.

"만일 우리가 우리 죄를 자백하면 그는 미쁘시고 의로우사 우리 죄를 사하시며 우리를 모든 불의에서 깨끗하게 하실 것이요"(요일 1:9).

하나님 앞에 회개함으로 그분과의 관계가 회복되었다면, 부정직함으로 피해를 입게 된 이들을 찾아가 우리의 정직하지 못했음을 고백하고 그와의 교제도 회복해야 한다. "너희 죄를 서로 고하며"(약 5:16).

만일 부당하게 취한 것이 있으면 돌려주고, 되돌려주는 것이 불가능하면 하나님 앞에 드린다. 삭개오의 결단을 기억하자.

"만일 누구의 것을 속여 빼앗은 일이 있으면 네 갑절이나 갚겠나이다"(눅 19:8).

4) 섬기는 자세가 필요하다.

"상전들아 의와 공평을 종들에게 베풀지니 너희에게도 하늘에 상전이 계심을 알지어다"(골 4:1).

고용주는 직원들을 이익을 내는 도구로 이용하지 않고 그들을 존중하며 배려함으로 섬겨야 한다. 우리에게 진정한 주인이자 상전이신 하나님이 계심을 기억한다.

"사환들아 범사에 두려워함으로 주인들에게 순종하되 선하고 관용하는 자들에게만 아니라 또한 까다로운 자들에게도 그리하라"(벧전 2:18).

고용주가 관대하지 않더라도 그의 권위를 인정하고 주께 하듯 섬겨야 한다.

5) 실력을 연마한다.

성경을 보면 하나님께서 사용하신 사람 중에는 최고의 학식으로 율법을 집대성할 수 있었던 모세를 비롯하여 요셉, 다윗, 느헤미야, 바울 등 자기 분야에서 실력이 뛰어났던 사람들을 많이 볼 수 있다. 누구든지 주어진 환경에서 하나님의 부르심을 기대하며 실력을 닦으며 준비하는 사람에게는 하나님께서 당신의 때에 길을 열어 주시고 당신의 선한 목적을 위해 사용하실 것이다. 우리는 세상의 최고가 되는 것이 목표가 아니므로 경쟁심이 추진력이 아니며, 주님이 맡기신 일에 최선을 다하는 것이 목표이므로 충성심이 추진력이다.

6) 적정한 임금을 제때 지불한다.

"곤궁하고 빈한한 품꾼은 … 품삯을 당일에 주고 해 진 후까지 미루지 말라 이는 그가 가난하므로 그 품삯을 간절히 바람이라 그가 너를 여호와께 호소하지 않게 하라 그렇지 않으면 그것이 네게 죄가 될 것임이라"(신 24:14-15).

지불해야 할 비용과 임금이 있다면 미루지 말고 제때에 적정한 금액으로 주어야 한다.

7) 휴식을 취한다.

일이 축복이 되기 위해서는 안식이 필요하다. 게으른 사람도 문제지만 일중독에 걸린 사람도 문제다.

"너는 엿새 동안 일하고 일곱째날에는 쉴지니 밭 갈 때에나 거둘 때에도 쉴지며"(출 34:21).

그리스도인들에게 십일조가 물질의 성별을 의미한다면 안식일 즉, 주일을 지키는 것은 시간의 성별을 의미한다. 폴 스티븐스는 "안식일의 생활 방식으로 살면 노동을 하나님의 임재를 경험할 수 있는 기회로 삼을 수 있다"라고 말한다. "우리가 안식일을 지키는 것이 아니다. 안식일이 우리를 지켜 준다."(마르바 던)

◙ 일에 관한 하나님의 역할

1) 일에 필요한 재능을 주신다.

"여호와께서 지혜와 총명을 부으사 성소에 쓸 모든 일을 할 줄 알게 하신 자들은 모두 여호와께서 명령하신 대로 할 것이니라"(출 36:1).

하나님께서는 당신의 목적에 따라 각 사람에게 알맞은 재능을 선물로 주셨다. 지적 능력, 물건을 다루는 재주, 남을 가르치는 능력 등 은사의 가치에 우열이 있는 것은 아니고, 역할만 다르다. 그러기에 내게 주어진 재능을 남의 것과 비교할 필요도 불평할 필요도 없다. 어떤 직업을 다른 직업보다 하찮게 여기든지 아니면 더 귀한 것으로 여기는 것은 옳지 못하다. 하나님께서는 정당한 모든 직업을 존중하신다.

2) 일의 성패를 주관 하신다.

"무릇 높이는 일이 동쪽에서나 서쪽에서 말미암지 아니하며 남쪽에서도 말미암지 아니하고 오직 재판장이신 하나님이 이를 낮추시고 저를 높이시느니라"(시 75:6-7).

경영에서의 성공과 실패, 직장에서의 승진과 좌천을 주관하시는 이는 궁극적으로 하나님이시다. 하나님께서 한 사람의 성공을 주관하시는 예를 요셉에게서 볼 수 있다.

"여호와께서 요셉과 함께 하시므로 그가 형통한 자가 되어 그의 주인 애굽 사람의 집에 있으니 그의 주인이 여호와께서 그와 함께 하심을 보며 또 여호와께서 그의 범사에 형통하게 하심을 보았더라" (창 39:2-3).

그리스도인들이 이러한 하나님의 역할을 인정하고 믿으면 일터에서 완전히 다른 관점과 자세를 가지게 되고, 일로 인한 스트레스나 좌절감을 극복할 수 있다.

◙ 일과 사업을 통한 하나님 나라 확장

일과 사업을 통한 하나님의 뜻은 하나님의 나라가 확장되는 것이며, 잃어버린 영혼을 주께로 인도하여 구원받도록 하는데 우리의 일과 사업이 통로가 쓰일 수 있다. 구원은 인간에 대한 하나님의 가장 고귀한 뜻이며 다시 얻게 된 생명은 세상에서 가장 값진 것이다. 게다가 그것은 이 땅에서 영원으로 이어진다.

한 잃어버린 영혼이 구원받는 과정에서 일과 사업은 그들에게 말씀이 전파되는 기회를 열어 주고, 재정적인 속박에서 벗어나도록 돕고, 하나님의 말씀을 가르치고, 상한 육체와 심령을 치유하여 장성한 성도로 자라는데 영향을 주거나 도울 수 있다. 이런 과정을 통해 잃어버린 영혼이 주께 돌아온다면 이것이 모두 하나님 나라의 확장이라고 할 수 있다. 그런데 이 일은 어떤 개인의 노력과 재능만으로 할 수 있는 일이 아니다. 일부는 수행할 수 있을지 모르지만 이 일이 온전하게 이뤄지기 위해서는 하나님의 도우심이 절대적으로 필요하다. 하나님의 온전하신 뜻은 우리의 힘과 능력으로 되는 것이 아니라 오직 성령을 통해 성취된다.

자신의 일과 사업을 통해 하나님의 나라를 확장하겠다는 생각을 하는 사람은 이 사실을 마음에 새기고 겸손하게 하나님의 능력이 자신에게 부어지도록, 그래서 자신은 단지 하나님의 도구와 통로로서 쓰임 받을 뿐이라는 사실을 인식해야 한다. 이러한 하나님의 놀라운 역사는 어떻게 가능한가?

▣ 일과 사업의 기름 부으심(anointing)

하나님의 기름부으심을 통해 우리는 쓰임을 받는다. 구약에서는 하나님이 세우시는 특별한 사람들에게 기름을 부었다. 제사장과 선지자와 왕이 기름부음을 받았다. 하나님은 그들을 통해 말씀의 능력이 나타나기를 바랐다. 그러나 지금은 성령을 받은 모든 그리스도인이 제사장인 시대이다.

"그러나 너희는 택하신 족속이요 왕 같은 제사장들이요 거룩한 나라요 그의 소유가 된 백성이니 이는 너희를 어두운 데서 불러 내어 그의 기이한 빛에 들어가게 하신 이의 아름다운 덕을 선포하게 하려 하심이라"(벧전 2:9).

이 말씀은 현대를 살아가는 우리를 왕과 같은 제사장으로 삼으신 주님의 뜻이 무엇인지 잘 보여 준다. 이사야서 61장 1절에서 "기름을 부으사… 가난한 자에게 아름다운 소식을… 갇힌 자에게 놓임을 선포하며" 라는 말씀은 성령의 기름 부으심이 가난한 자와 갇힌 자에게 구원이 임하고, 하나님이 우리를 속박된 것에서 자유케 하시려는 뜻을 보여 준다. 고대 이스라엘의 사회적 배경에서 빚을 지면 종이 되거나(잠 22:7) 감옥에 갇혔지만(마 18:30) 이 구원은 우리의 멍에가 꺾이는(렘 30:8) 자유함을 선포한다.

기름 부으심은 하나님의 능력이 우리를 통해 이루어져 나가는 것을 의미한다. 이것은 그리스도인이라면 누구에게나 가능한 일이다. 그리고 우리의 힘과 능으로 되지 않는 아무리 어려운 장애물도 우리가 하나님의 온전하신 뜻 가운데 있고 성령의 기름 부으심이 임하면 그것을 극복할 수 있는 능력이 생긴다. 하나님은 우리의 연약함과 부족함을 아시기 때문에 하나님의 일을 이루시는 데 있어 하나님의 능력을 우리에게 부어 주시고자 한다.

성령의 기름 부으심은 모든 방면에서 가능하지만 하나님의 지혜와 전략이 특별히 요구되는 의사결정에 필요하다(행 6:1-3). 또한 부족한 자원의 공급 또는 사람을 붙여 주시는 일에서도 하나님은 도우신다. 우리를 통한 성령의 기름 부으심은 궁극적으로 하나님의 구원의 역사를 이룬다.

▣ 일에 관련한 주제들

1) 직업과 소명

하나님께서 주신 모든 직업은 거룩한 것이다. 성직이나 소명이 단지 교회에 관련된 일만은 아니다. 하나님의 소명은 다양한 직종의 사람들에게 주어진다. 그런 면에서 보면 모두가 소명을 받은 성직자들이다. 구약의 '아바드' 신약의 '레이투르기아' 라는 단어는 영어의 서비스(Service)처럼 '일'로 번역되기도 하고 '예배'로 번역되기도 한다. 다시 말해 일과 예배는 별개가 아니라는 것이다. '예배'는 교회에서 하나님을 섬기는 일이고, '일'은 세상에서 하나님을 섬기는 예배이다. 교회뿐 아니라 일터와 가정 모두 하나님께서 거하시는 처소이다.

2) 뇌물

"너는 뇌물을 받지 말라 뇌물은 밝은 자의 눈을 어둡게 하고 의로운 자의 말을 굽게 하느니라"(출 23:8).

뇌물은 받는 사람으로 하여금 정당하지 못하며 정직하지 못한 결정을 하게끔 영향을 주는 모든 것이다. 흔히 뇌물 없이는 사업경영이나 직장생활이 불가능하다고 호소

하는 사람들이 많다. 그만큼 우리 생활 여러 분야에서 뇌물은 선물이나 소개비용 등을 가장해 보편화 되어 있다. 뇌물을 주는 입장에서도 받는 입장에서도 "감춰진 것들을 드러내고 마음의 뜻을 나타내시는" 주께 여쭤 봄으로 이를 분별할 수 있다.

3) 동업

"너희는 믿지 않는 자와 멍에를 함께 메지 말라 의와 불법이 어찌 함께 하며 빛과 어둠이 어찌 사귀며 그리스도와 벨리알이 어찌 조화되며 믿는 자와 믿지 않는 자가 어찌 상관하며"(고후 6:14-15).

성경은 그리스도를 모르는 사람과의 공동경영을 권하지 않는다. 일을 하는 목적이나 돈을 버는 목적부터 다르고, 경영하는 방법과 돈을 버는 방법도 다르다. 믿는 자들끼리의 동업일지라도 사전에 충분히 기도하고 검토한 후에 신중히 결정해야 한다.

4) 세금 내는 것

"너희가 조세를 바치는 것도 이로 말미암음이라 그들이 하나님의 일꾼이 되어 바로 이 일에 항상 힘쓰느니라 모든 자에게 줄 것을 주되 조세를 받을 자에게 조세를 바치고 관세를 받을 자에게 관세를 바치고 두려워할 자를 두려워하며 존경할 자를 존경하라"(롬 13:6-7).

나라와 국가를 다스리는 권세는 모든 권세를 주관하시는 하나님께로부터 주어졌고(롬 13:1), 국가를 통하여 생존권과 재산권을 보호받고 경제활동을 할 수 있으므로 그 권위를 인정하고, 나라의 몫을 떼는 것에 대해 아까와 하면 안 된다. 비록 어떤 세금은 분명히 합리적이지도 공정하지도 않지만 성경에서 세금을 내는 것은 의무라고 말씀하셨다. 우리들은 불합리한 어떤 제도에 반대할 수도 있고 그것을 바꾸는 법 개정을 후원할 수도 있지만, 그렇다고 해서 세금 내는 것을 미루거나 거부해서는 안 된다.

5) 은퇴

65세에 은퇴한 남자들이 그렇지 않은 사람보다 즉각적으로 치명적인 심장마비를 일으킬 확률이 두 배라는 연구 발표가 있다. 인간의 마음과 몸은 인위적인 조업 중지 날짜가 정해져 있지 않다. 은퇴의 영어 단어(retire)는 타이어를 교체하고 폐차시키는 것이 아니라 다시 달리는 것으로도 설명이 된다. 성경 어디에도 건강한 사람에게 일을 그만두라고 하나님이 지시하신 적이 없다. 분명한 것은 하나님이 우리를 이 땅에 남겨 두시는 한 해야 할 일도 주신다. 사역을 위해 일하거나 자원 봉사를 할 수도 있다. 일하는 시간이 줄어들 수도 있고, 다른 일을 하게 할 수도 있으며, 임금을 적게 받거나 아예 받지 않고 일할 수 있다. 그러나 아직 생산적인 마음과 육체를 가진 사람들이 해변가에 한없이 누워 있거나, 골프에 온통 정신을 빼앗기거나, 어두운 거실에서 텔레비전만 보기를 원하지 않으신다.

만일 당신이 은퇴에 필요한 돈을 모으고 소득을 위해 일할 필요가 더 이상 없으면, 교회와 가난한 사람들, 혹은 혜택을 받지 못하는 어린이들을 위해 일할 수 있다. 또한 이 년, 오 년, 혹은 이십 년을 자비량 선교사가 되어 섬길 수 있는 놀라운 기회가 있다. 하나님은 여기 그리고 현재 당신을 위한 특별한 사역을 갖고 계신다. 더 이상 시간이나 돈을 낭비하지 말라. 대신에 그것을 영원을 위해 투자하라.

◼ 새로운 정체성과 부르심

일과 사업에 대한 성령의 기름 부으심의 의미를 모르고 있다가 일단 이것을 깨닫게 되면 우리는 하나님과의 새로운 역동적인 관계가 형성된다. 그러면 목회는 거룩한 일이고 사업은 세속적인 일이라는 이분법적 사고의 틀을 자연스레 벗어나게 된다. 따라서 사업은 세속적인 공간이 아니라 하나님이 주신 거룩한 공간이며 우리를 향한 하나님의 부르심이 있다는 정체성이 새롭게 인식된다.

사업은 어떤 목표를 이루기 위해 큰 재정이 동원되는 곳이다. 돈의 이동은 큰 역할을 할 수 있다. 하나님 나라의 확장을 이루기 위해서도 물질이 필요하다. 사업과 물질을 위해 거룩한 부르심을 받은 자들은 하나님의 방법으로 열심을 다해 돈을 벌어 주님이 원하시는 곳에 공급을 해야 한다. 이 은사도 성직으로 알고 귀하게 사용해야 한다. 돈은 버는 것뿐만 아니라 마케팅, 인사관리, 고객관리, 제품관리 등에서도 하나님의 부르심과 그리스도인의 정체성을 보여 줄 수 있어야 한다.

※ 실전적용과제 1　　　　　　　※ 실전적용과제 2 : 유산과 장례 계획 작성

1. 당신은 그리스도인으로서의 믿음이 일이나 사업의 영역에도 그대로 적용될 수 있다고
   생각하십니까? 만약 그렇다면 (혹은 아니라면) 왜 그렇습니까?

  – 일을 통해 개선 혹은 연마된 성품이 있다면 무엇입니까?

  – 우리의 일하는 궁극적인 목적은 무엇이 되어야 합니까?

2. 다음 구절에서는 일에 대해 어떻게 말하고 있습니까?
   – 잠 13:11

   – 살후 3:10

   – 신 12:7

3. 당신은 온전한 휴식을 취하고 있습니까? 그렇지 못하다면 그 이유는 무엇입니까?

4. 다음 구절에서 고용주와 피고용인의 의무를 살펴보세요.
   – 엡 6:9

   – 골 3:22

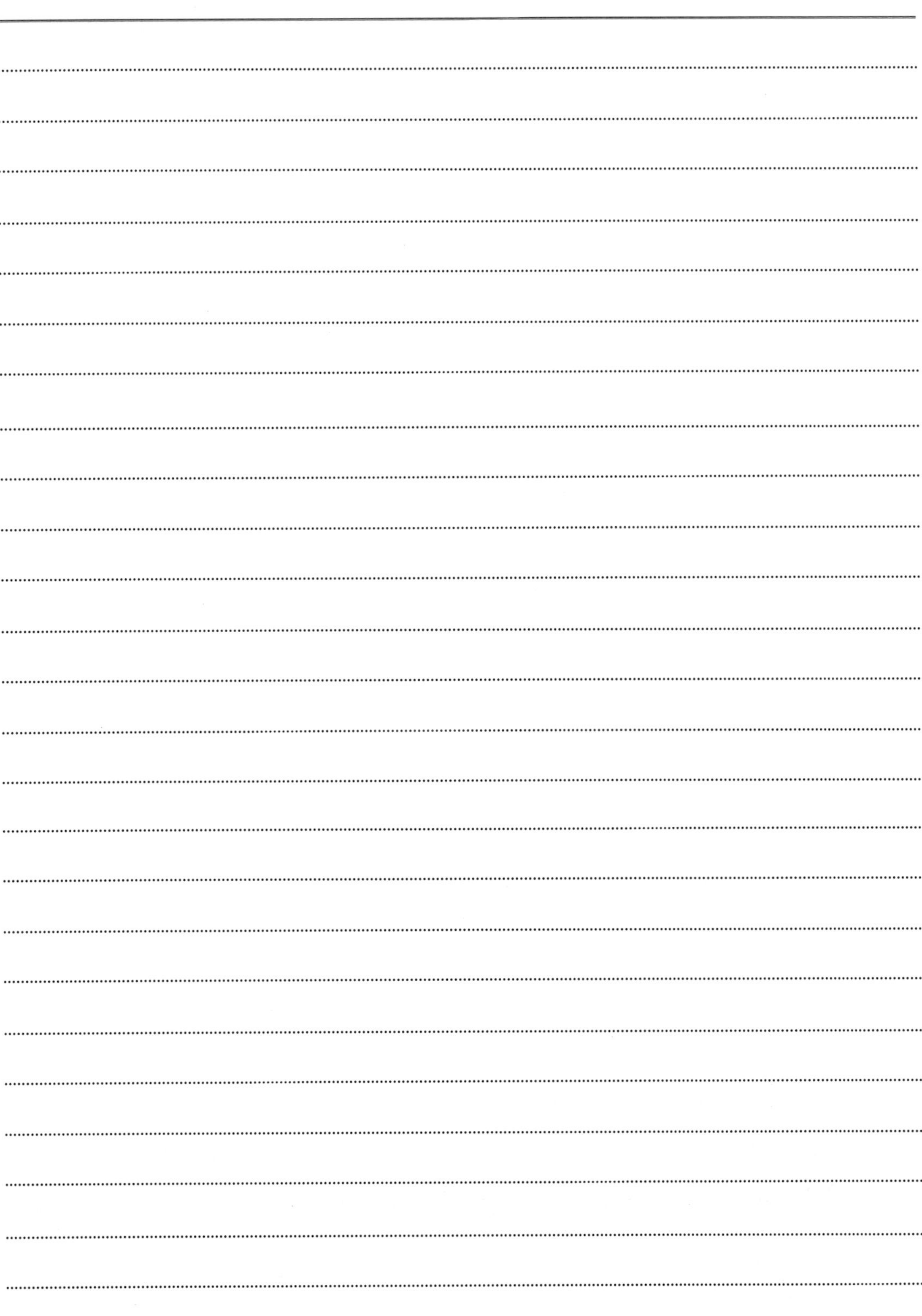

5. 당신은 현재 하고 있는 업무와 관계된 주변의 사람들에게 복음을 효과적으로 전하고
   그들을 주께로 인도하고자 하는 열정을 가지고 계십니까? 혹은 그런 열정이 있었지만
   적절한 방법을 알지 못해 포기한 적은 없습니까?

6. 당신은 타인의 가난에 따른 고통을 어느 정도 공감한다고 생각합니까?

7. 세상을 본받지 않고 일과 사업에 적용될 수 있는, 혹은 적용되어야만 한다고 생각하는
   성경적인 원리에는 어떤 것이 있다고 봅니까?

8. 당신의 업무나 기업 경영에 복음적이거나 선교적 접근을 하는 것에 대해 어떻게 생각
   합니까? 이것이 당신을 불편하게 만드는 점은 없습니까? 있다면 왜 그렇습니까?

9. 성직과 세상 직업 간의 구별이 있어서는 안 되는 이유가 무엇이라 생각합니까?

10. 그리스도인에게 은퇴의 개념은 어떤 것이어야 합니까?

※ 실전적용과제 1
   나의 업무 혹은 사업상 만나는 사람 중에 복음을 전해야 할 사람들의 명단을 만들고,
   그들의 필요가 무엇인지 파악하여 그들을 예수 그리스도의 이름으로 축복하고 필요가
   채워지기를, 그리고 그들의 영혼이 구원받을 수 있기를 기도해 봅시다.

7과 유산과 장례 계획

작성일 :

유 서				
보관장소				
집행인	미성년 자녀 후견인 :			
2번째 집행인				
변호사	이름:	전화:		
회계사	이름:	전화:		

소 득				
회사로부터의 혜택	연락처:	전화:		
사회보장제도	연락처:			
생명보험:				
회사이름:	구좌번호:	전화:	보험금:	수혜자:
회사이름:	구좌번호:	전화:	보험금:	수혜자:

예금과 투자				
은행:	구좌번호:	전화:	잔고:	
은행:	구좌번호:	전화:	잔고:	
은행:	구좌번호:	전화:	잔고:	
은행:	구좌번호:	전화:	잔고:	
은행:	구좌번호:	전화:	잔고:	
투자:	구좌번호:	전화:	잔고:	
투자:	구좌번호:	전화:	잔고:	
투자:	구좌번호:	전화:	잔고:	

부동산		
주소:		시가:
주소:		시가:
주소:		시가:

장 례			
장의사:	전화:		
장지:	장례 방법: 매장 /화장		
장기 기증:			
장례식:	남기고 싶은 말:		
	찬송이나 성경 구절		

1. 목표

삶의 모든 영역에서 영원의 관점을 가진 청지기로 살아가기를 격려한다.

2. 암송구절

"이같이 너희 빛이 사람 앞에 비치게 하여 그들로 너희 착한 행실을 보고 하늘에 계신 너희 아버지께 영광을 돌리게 하라"(마 5:16).

3. 들어가는 말

　세상은 말할 것도 없고 교회 안에서조차 널리 퍼져 있는 물질만능주의와 욕심, 탐욕, 교만, 이기심, 인색함, 무책임한 소비, 정당화 할 수 없는 빚, 가난하고 잃어버린 영혼의 필요에 대한 무관심을 하나님 앞에서 정당화할 방법은 없다. 이 땅에 누가 더 많이 쌓는지 끝도 없는 경쟁을 하지만 진정한 기쁨과 평안을 누리지는 못한다.

예수도 믿지 않는 공포소설 작가 스티븐 킹은 수년 전에 "당신과 함께 가지고 갈 수 없다"는 것의 의미를 발견했다. "교통사고로 시골길 옆의 시궁창에 누워 진흙과 피로 범벅이 되고 오른쪽 다리의 경골이 천둥을 수반한 폭풍우에 떨어져 나간 나뭇가지처럼 청바지를 뚫고 삐져나왔을 때 발견했다. 지갑에 마스터카드를 가지고 있었지만 깨어진 유리 조각이 머리에 박혀 시궁창에 누워 있을 때는 아무도 카드를 받지 않았다. 우리는 벌거벗은 몸과 빈털터리로 이 땅에 왔다. 이 땅을 떠날 때 옷을 입을지 모르지만 빈털터리와 마찬가지다. 워렌 버펫? 빈털터리로 갈 것이다. 빌 게이츠? 톰 행크스? 스티븐 킹? 모두 빈털터리로 갈 것이다. 일 원도 못 가지고 간다. 당신이 번 모든 돈, 구입한 모든 주식, 소유하고 있는 모든 뮤추얼 펀드, 이 모든 것들은 사라지는 연기와 후대의 본보기가 된다. 값싼 전자시계로 시간을 말하든 롤렉스시계로 시간을 알리든 여전히 15분 늦는다."

오로지 미리 보낸 것, 미리 나눈 것, 하늘나라의 기록에 있는 것만 남는다. "우리가 우리를 살폈으면 판단을 받지 아니하려니와"(고전 11:31)

우리는 현재의 행동을 수정함으로 나중의 후회를 피할 수 있다. 우리 삶의 각 영역을 잘 살피고, 하나님의 뜻에 우리를 복종시킴으로 우리의 삶이 그분 앞에 기쁨이 되는 예배로 드려지기를 소망한다.

 **4. 들어가는 질문**

1) 아직도 나누려고 하지 않고 움켜쥐는 이유는 무엇인가요?

2) 당신이 살고 있는 집, 운전하고 다니는 자동차, 자녀에게 시키는 과외활동 등을 통해 당신의 자녀들에게 전하는 메시지는 무엇인가요?

본 문

◾ 청지기로의 부르심

어떤 그리스도인들은 사도들의 생활 방식을 우리들이 따라야 할 표준으로 생각한다. 그러나 복음서에서 순회하는 사역을 한 사도들과 서신서에 나오는 정착한 그리스도인들의 생활방식은 서로 다르다. 가족과 소유를 모두 떠나 순회하는 제자로의 부르심이 있고, 가족과 소유물로 돌아가서 돈을 벌어 순회하는 제자들의 필요를 공급하도록 거주하는 제자로의 부르심이 있다. 이 두 부르심의 동일한 목적은 하나님을 영화롭게 하고 그분의 나라를 확장하는 것이다.

희생적인 생활방식으로 살아간다고 더 영적인 것은 아니다. 베다니의 마리아는 예수님의 제자들 중에 가장 헌신된 사람이 틀림없지만, 상당히 큰 집과 소유를 가지고 제자들이 언제든 묵을 수 있게 했고 그들의 필요를 공급했다. 반면에 배반자 가룟 유다는 '모든 것을 버리고' 주님을 따랐다. 우리는 겉모양만 보고 판단할 수는 없다. 하나님 나라를 위해 소유물을 버리라고 부르셨든지 아니면 소유권은 유지하지만 그 나라를 위해 관대하게 사용하도록 부르셨든지, 우리 모두는 이 땅이 아니라 오는 세상에서 받을 상급에 시선을 고정해야 한다고 말씀하신다.

"…누구든지 자기의 모든 소유를 버리지 아니하면 능히 내 제자가 되지 못하리라"(눅 14:33)는 말씀에서 모든 소유를 버린다는 뜻은 "모든 것을 하늘나라의 목적에 몰두하고, 이 하나의 중심 목적에 모든 것을 복종하고 다른 모든 것에 대한 집착을 내려놓는 것"을 의미한다.

◾ 성령에 이끌리는 삶

모든 것의 주인이 내가 아니고 하나님이라는 사실을 깨닫게 되면 성령의 인도하심을 항상 구하게 된다. 이렇게 되면 내 것에 대한 집착과 더 가지려는 욕구를 절제할 수 있으며 돈 때문에 손해를 보아도 분노하거나 실망하지 않는다. 또한 심각한 경제적 어려움에 직면하더라도 주인 되신 하나님을 더욱 의지하여 회복을 기대하며 일어날 수 있다. 성령에 이끌리는 삶은 베푸는데 인색하지 않으며, 오히려 나누고 드리는 것을 진심으로 원한다.

"내가 궁핍하므로 말하는 것이 아니니라 어떠한 형편에든지 나는 자족하기를 배웠노니 나는 비천에 처할 줄도 알고 풍부에 처할 줄도 알아 모든 일 곧 배부름과 배고픔과 풍부와 궁핍에도 처할 줄 아는 일체의 비결을 배웠노라 내게 능력 주시는 자 안에서 내가 모든 것을 할 수 있느니라"(빌 4:11-13).

바울은 풍부하게 사는 것이 잘못되었다고 말하는 것이 아니라 동일한 만족의 비밀이 가난하게 되었을 때도 적용된다고 말했다. 자족은 물질적인 풍요로움의 산물이 아니라 모든 것의 소유주이신 예수 그리스도를 소유함에서 나온다.

▣ 하나님이 기뻐하시는 삶

"그런즉 너희는 먼저 그의 나라와 그의 의를 구하라 그리하면 이 모든 것을 너희에게 더하시리라"(마 6:33).

하나님이 기뻐하시는 삶의 최우선은 먼저 하나님의 나라와 의를 구하는 것이다. 우리의 생활 속에서 하나님께서 명령하신 것을 먼저 실천할 때 하나님께서 우리의 필요를 공급하시겠다고 약속하신다. 그러한 믿음은 우리로 하여금 먹고 사는 것으로부터의 근심과 걱정을 떨쳐내고 기쁨으로 살 수 있게 한다.

"사람이 마음으로 자기의 길을 계획할지라도 그의 걸음을 인도하시는 이는 여호와시니라"(잠 16:9).

재물을 얻는 것과 잃는 것 뿐 아니라 우리의 삶이 전적으로 인생을 주관하시는 하나님의 손 안에 있다는 사실은 우리를 안도감과 함께 기쁨이 가득한 삶으로 안내한다.

▣ 쉬지 말고 기도하는 삶

모든 재정적인 결정은 영적인 것이다. 성경에서 기본적인 원칙은 제시하고 있지만, 소유해도 되는 것과 되지 않는 것, 돈을 어떻게 쓰면 되고 어떻게 쓰면 안 되는 것에 대한 구체적인 점검표를 주지 않으셨으므로 지출할 일이 생길 때마다 주님의 인도하심을 구하는 것이 필요하다. 우리는 청지기로서 주인이신 하나님께서 당신의 돈을 어디에 쓰기를 원하시는지 여쭈어야 한다. 기도하지 않는 것은 하나님의 도우심과 인도하심이 필요하지 않다는 독립 선언이다.

▣ 범사에 감사하는 삶

우리가 감사하지 못하는 이유는 마음에 만족이 없기 때문이다. 이는 여전히 채워지지 않은 무언가를 갈구하고 있다는 뜻이다. 남의 가진 것과 비교하며 계속 부족하다고 여긴다. 욕심이란 이미 충분한데도 계속 원하는 것이고 탐욕이란 자기가 가지지 못한 남의 것을 갈망하는 것이다. 탐욕은 우상숭배라 말씀하시고(엡 5:3-5), 돈을 사랑함이 일만 악의 뿌리가 된다고 하셨다(딤전 6:10). 사람들은 "부자가 되려고 하는 것이 잘못은 아니다"라고 말하며 끊임없이 부를 추구한다. 그러나 하나님은 "부하려 하는 자들은 시험과 올무와 여러 가지 어리석고 해로운 욕심에 떨어지나니 곧 사람으로 파멸과 멸망에 빠지게 하는 것이라"(딤 6:9)고 하신다. 욕심과 탐욕은 결코 채워지지 않는다. 이것들을 버려야 감사한 삶을 살 수 있다.

▣ 구별된 삶

그리스도께서 돈에 대해 극단적으로 말씀하셨을 때 돈을 좋아하는 바리새인들은 이 말을 듣고 비웃었다(눅 16:14). 마찬가지로 우리도 성경을 믿고 그리스도를 위해 기꺼이 죽을 수 있다고 고백하면서도, 돈과 소유에 대한 그리스도의 극단적인 가르침에 대해 반대하고 거부하며 여전히 돈을 사랑하는 사람이 될 수 있다. 이렇게 되면 우리들은 세상 사람들과 다를 바가 없어진다.

유명한 설교자인 G.캠벨 모건은 이렇게 말했다. "오늘날 교회에 최고로 필요한 것은 시대정신을 가지는 것이라고 말하는 사람들이 종종 있다. 그러나 수천 번 여기에 대해 아니라고 말할 수밖에 없다. 교회가 최고로 필요한 것은 시대정신을 교정하는 것이다." 풍요함으로 인해 감각이 무디어진 채로 현실을 사는 우리들에게 하나님의 말씀은 이 세대를 본받지 말고 구별되기를 촉구하고 있다.

"너희는 이 세대를 본받지 말고 오직 마음을 새롭게 함으로 변화를 받아 하나님의 선하시고 기뻐하시고 온전하신 뜻이 무엇인지 분별하도록 하라"(롬 12:2)는 말씀에 따라 우리 그리스도인들은 세상과 구별되는 삶을 살아야 하지만 세상이나 사람들을 '차별'하는 삶을 살면 안 된다.

"아무 일에든지 다툼이나 허영으로 하지 말고 오직 겸손한 마음으로 각각 자기보다 남을 낫게 여기고"(빌 2:3).

우리는 상대방의 부유한 정도뿐 아니라 사회적 신분, 교육수준, 영적인 상태, 외모, 피부색, 연령, 성별에 따라 의식적이든 무의식으로든 얼마나 편견을 가지고 대하는지 모른다. "만일 너희가 사람을 차별하여 대하면 죄를 짓는 것이니 율법이 너희를 범법자로 정죄하리라"(약 2:9)고 선언한다. 우리는 편견을 극복하고 같은 마음으로 모든 사람을 사랑할 수 있도록 겸손히 하나님 앞에 구해야 한다.

■ 전략적인 삶

오늘날 우리는 많은 자원을 필요로 하는 치열한 영적 전투에 투입되어 있다(엡 6:12). 전쟁에 이기려면 이러한 위기 상황에 대응하는 방안을 강구해야 한다. 그것을 '전략적 생활방식'이라 부를 수 있으며 이 용어가 '단순한 생활방식'보다 더 정확한 표현이다. 이 전략적인 삶은 우리들에게 하늘나라를 중심으로 한 관점의 전환을 요구한다. 자기만족과 전쟁과 상관이 없는 곳에 자원을 낭비하지 않고, 한정된 자원을 하나님이 의도하는 곳에 집중적으로 사용할 필요가 있다.

전쟁 중이라도 휴식을 갖는 것은 중요하다. 특별히 우리의 싸움이 일생 동안 지속될 것을 고려한다면 우리를 새롭게 하고 기운을 되살리는 적당한 즐거움을 위해 돈을 쓰는 것이 잘못은 아니다. 즉, 가족과 함께 외식을 하고 휴가를 가지며 건강을 위해 운동을 함으로 삶의 전투를 위한 열정을 재충전할 수 있다. 또한 그것은 관계 형성의 소중한 기회를 제공해 준다. 그러므로 우리는 오락이나 휴식을 위해 돈을 쓰지만 매년 일정 금액으로 살겠다고 다짐하며 소득의 많은 부분을 나눌 수 있다. 이러한 전략적 사고방식을 유지할 때, 하나님이 더 많이 주시면, 더 많이 소비하고 생활수준을 높이라고 주신 것이 아니라 그 분의 목적에 투자하라고 공급하셨음을 깨닫게 된다(고후 8:14, 9:11).

"얼마나 돈을 많이 벌었느냐가 문제가 아니다. 고액 연봉을 받는 것 자체가 악한 것은 물론 아니지만, 연봉 1억 원을 받는 사람이 1억 원의 생활방식으로 살아야 한다고 생각하는 속임수가 악한 것이다. 하나님은 은혜의 통로로 우리를 만드셨다. 그런데 그 통로가 반드시 황금으로 만들어져야 한다는 것은 위험한 생각이다. 구리도 그 역할을 잘 할 수 있다." (존 파이프)

▣ 가정: 영원의 관점을 실천하는 도장

성경에서는 "자녀나 다른 궁핍한 친척들을 돌보지 않는 것은 믿음을 배반하고 불신자보다 더 악하다"고 말한다(딤전 5:8). 따라서 나이가 많거나 병든 부모나 친척들을 돌보는 책임이 국가나 보험회사가 아니라 성장한 자녀들에게 있다(막 7:10-12). '영적인'이유 때문에 가족들의 물질적인 필요를 공급하지 않는 어떤 핑계도 예수께서는 책망하셨다(막 7:9-13). 가정 깊숙이 침투한 물질만능주의는 돈을 위해서라면 부모나 형제마저도 버릴 수 있다는 생각을 하게 만들었다. 그러나 가족은 선택이 아닌 하나님이 엮어 주신 영적 공동체이다. 돈은 가족을 위한 수단일 뿐 결코 그 자리를 대신할 수 없다. 오히려 가족이 하나로 화합하면 어떤 경제적 어려움도 극복하게 되고 서로간의 친밀감도 더해지는 유익을 누리게 된다. 그러므로 물질적인 것 뿐 아니라 가족들의 영적이고 정신적이고 감정적인 필요에도 적극적으로 동참해야 한다.

1) 가정에서의 재정

① 재정에 대한 결혼 서약
재정적인 하나 됨이 없는 진정한 결혼은 존재하지 않는다. 아래와 같은 서약을 하며 결혼생활을 시작한다면 훨씬 자유롭고 풍요로운 생활이 시작될 것이다.

- 십일조를 하겠다. (모든 것에 대한 하나님의 소유권을 인정)
- 재정적으로 비밀이 없이 하나가 되겠다. (재정적인 하나 됨을 추구)
- 현금으로 관리하며 빚을 지지 않겠다. (지출이 수입을 초과하지 않게 관리)
- 완전한 합의를 하기 전까지는 돈을 쓰지 않겠다. (대화하며 서로를 존중하고 인내함)

② 부부 싸움의 원인
- 비밀이 많다. 지출에 대해 솔직하게 밝히지 않는다. 비자금을 챙긴다 ⇨ 돈으로 인한 부부간의 갈등은 불신으로부터 시작된다. 무엇보다 정직하게 대화함으로 오해가 생기지 않도록 한다.
- 돈을 관리하지 않고, 예산이 없고 책임을 미루고, 가치관이 다르다 ⇨ 돈과 재정에 대한 서로의 생각을 나누고 가계부를 쓰기로 하는 등 작은 것부터 함께 시작하며 지속적으로 관심을 나눈다. 돈은 감정적으로 폭발할 가능성이 큰 영역이므로 조심해서 다룬다.
- 충동구매를 한다 ⇨ 충동구매의 원인을 분석하고 서로 협조를 구한다.
- 최악의 상황에서 돈 문제를 이야기하는 등 타이밍이 적절치 않다 ⇨ 돈 문제에 대한 대화의 타이밍을 잘 선택하고 한 번에 하나씩 해결한다.
- 한 사람이 이기고 다른 사람이 지거나 절대로 타협하지 않으려 한다 ⇨ 서로에게 유익이 되는 윈윈 방식을 추구한다.

③ 맞벌이 가정에 필요한 재정관리
- 외벌이 가정처럼 재정을 관리한다 ⇨ 외벌이 가정처럼 두 사람의 소득 중 한 사람의 소득만으로 가정을 운영한다. 한 사람의 소득으로 생활비를 충당하고, 추가 소득으로 원리금을 상환하고 저축을 한다.
- 자녀들에 대한 미안함의 비용을 줄인다 ⇨ 맞벌이를 한다고 자녀들에 대한 미안함을 외식이나 용돈 지출로 메우려 하지 않아야 한다.
- 재정관리는 공동으로 운영한다 ⇨ 맞벌이를 하면 각자 따로 돈 관리를 하면서 비자금을 운영하는 경우가 많다. 건강한 가족의 미래를 위해 불필요한 비자금은 뿌리부터 잘라내는 것이 좋다.

④ 지혜로운 소비습관

　　지혜로운 소비습관은 계획을 세우는 것에서 시작된다. 벌어들이는 수입과 지출을 파악하고 그에 따른 바람직한 재정 계획을 세워 그대로 살려는 노력이 필요하다. 이는 과소비로 이어지는 충동구매를 예방하고 불필요한 지출을 방지한다. 생활비 지출 계획의 내용은 다음과 같다.

ⅰ 가계부를 작성한다.

　　얼마만큼의 돈이 어디에 쓰였는지 지속적으로 점검하기 때문에 전체적인 지출 계획을 수정하고 조정하는 기초가 된다.

ⅱ 가정의 총수입을 계산한다.

　　지출계획의 규모를 고려하는데 필수이다.

ⅲ 정기적인 지출 항목과 액수를 정리한다.

　　매달 지출되는 공제 항목(세금, 연금 등)과 우선 지출 항목(십일조, 빚 상환, 부모님 생활비 등), 고정비(저축, 보험 등) 등을 파악한다.

ⅳ 지출의 한계를 정한다.

　　수입과 필요에 따라 지출의 한계를 정해 놓지 않으면 지출은 계속 증가하게 되어 있다.

*** 현명한 쇼핑 요령**

• 양과 가격, 그리고 품질 등을 꼼꼼히 비교하여 알맞은 것을 구입한다.

• 사야 할 품목이 생길 때마다 미리 수첩에 적어 두고, 급한 품목이 아닌 것은 세일기간을 이용한다. 그러나 세일 때는 충동구매를 조심한다.

• 싸게 파는 물건보다 꼭 필요한 물건을 고른다.

• 자녀가 불필요한 물건이 갖고 싶다고 조를 경우, 단호하게 대처한다.

• 쇼핑 후 가계부를 정리하며 결과를 반성해 본다.

• 급하게 결정하는 것은 거의 항상 비싼 값을 치르는 경우가 많으므로 신중히 시간을 가지고 결정한다.

• 사람이 적은 시간대에 쇼핑하며 할인 쿠폰이나 적립카드를 최대한 활용한다.

*** 자동차**

- 자동차 비용을 가장 줄일 수 있는 방법은 현재 타고 있는 차를 최대한 오래 타는 것이다.
- 자동차는 '실용성'이 중심이지 '과시 목적'이나 '스타일'이 선택의 기준이 되어서는 안된다.
- 꼭 융자로 구입해야 한다면 기간은 최대한 짧게 하고, 20% 이상 계약금을 지급하고, 월부담금이 예산에 부담이 되지 않는 범위 내에서 구입한다.

2) 자녀교육

자녀들에게 할 수 있는 가장 위대한 일은 예수 그리스도를 우리의 주님으로 모시고, 매일의 삶에서 그분의 인도하심을 받고 살 수 있도록 모범과 기도를 통해 돕는 것이다. 우리가 돈의 관리 뿐 아니라 모든 영역에서 청지기의 모범을 잘 보여 주어야 우리의 자녀들이 가치관이 혼란스런 이 시대에 하나님의 자녀로서의 삶을 제대로 살 수 있다. 따라서 자녀교육의 목표는 자녀들이 점차적으로 부모로부터 독립하고, 주님께 점차적으로 의존하도록 모범을 통해 돕는 것이다. 구체적인 재정교육으로는

① **경험을 통해 배우게 한다.** 충동구매와 같은 잘못된 재정적인 결정을 허용함으로 그것을 통해 깨닫게 한다.

② **실패할 수 있는 자유까지 준다.** 실패는 삶의 한 부분이다. 자녀가 실패를 할 것인가, 하지 않을 것인가의 문제가 아니라 실패에 어떻게 반응할 것인가가 중요하다. 돈을 관리하는 훈련을 시킬 때 부모가 범하는 가장 큰 잘못은 실패할 자유를 주지 않는 것이다.

③ **드림을 가르친다.** 이것은 저축보다 더 중요하며, 자신에게 속한 것으로 드리는 훈련을 해야 한다. 모든 수입의 십일조를 하는 훈련은 양치질하는 습관보다 훨씬 더 중요하다

④ **저축을 가르친다.** 자녀들은 돈의 가치와 절제의 훈련을 저축을 통해 배운다.

⑤ **절제를 가르친다.** 자녀들에게 "안 돼" 라고 말하는 훈련보다 더 가치 있는 가르침은 거의 없다. 이것은 인내심을 비롯한 인격과 절제를 키워 나간다.

⑥ **돈 쓰는 법을 가르친다.** 가치를 어떻게 비교하고, 최적의 구매 장소를 발견하는

지 가르친다.

⑦ **보상이 있어야 한다.** 보상은 성경적이고, 동기 부여를 하고, 피드백의 근거를 제공한다.

⑧ **자녀들이 자라남에 따라 점차적으로 부모로부터 경제적인 젖을 떼고, 자신의 재정적 상황에 책임을 지게 한다.**

⑨ **결정을 할 때마다 기도하고 인도하심을 받도록 격려한다.**

* 부자병

부자병은 유복한 부모 밑에서 자라는 아이들이 걸리는 이상한 만성 질환이다. 무엇이나 살 수 있는 돈을 가지고 있지만 극도의 빈곤이 나타내는 모든 현상, 즉 우울증, 염려, 의미의 상실, 미래에 대한 절망 등을 나타낸다. 그래서 부자병 환자들은 부유한 가정의 자녀들 사이에 잘 나타나는 술이나 마약, 훔치기, 자살 등으로 도피하려 한다. 이러한 현상들은 부모가 자녀의 사랑을 돈으로 구입하려고 애쓰고, 부모가 집에 없을 때가 많은 경우에 가장 많이 발견된다.

▣ 상속

"선인은 그 산업을 자자 손손에게 끼쳐도"(잠 13:22).

구약성경 시대에는 땅의 소유권을 자녀나 손자들에게 넘겨주는 것이 지극히 중요했다. 그것이 없으면 후손들은 농사를 짓거나 가축을 키울 수 없었다. 너무 가난하여 땅을 구입할 수 없었고 간신히 목숨을 유지하거나 종으로 팔릴 수밖에 없었다.

그러나 오늘날에는 상황이 아주 다르다. 일반적으로 부모와 따로 살면서, 자신의 직업도 있고 경제적으로 독립하여 필요한 것보다 이미 더 많은 것을 가지고 있는 자녀들에게 유산은 뜻밖의 횡재가 된다. 그들은 자신이 받은 교육, 일, 기술, 저축, 투자로 인해 충분한 소득을 가지고 있다. 이러한 자녀들에게 상속재산은 절박하게 필요한 것이 아니다. 그것을 받으면 생활수준을 높이거나 급격한 생활의 변화를 가져오는 경우가 대부분이다.

그리스도인 부모들은 교회, 선교 등 하나님의 나라를 위해 많은 부분을 남기고, 자녀들에게는 적은 부분만 남기는 것을 심각하게 고려해야 한다. 우리 자녀들은 열심히 일하고, 계획을 잘 세우고, 하나님을 신뢰하는 기쁨을 경험해야 한다. 성장한 자녀들에게 얼마만큼 공급해 줄 것인지 하나님이 결정하시게 하자. 하나님의 공급하심 속에 우리가 번 돈은 그들에게 속한 것이 아니라 하나님께 속한다. 다윗왕은 말하기를 "내가 어려서부터 늙기까지 의인이 버림을 당하거나 그 자손이 걸식함을 보지 못하였도다"(시 37:25). 왜 그런가? 부모들이 자녀들에게 많은 재산을 남겼기 때문인가? 아니다. 그 이유는 "그는 종일토록 은혜를 베풀고 꾸어 주니 그의 자손이 복을 받는도다"(시 37:26).

신약성경의 원리와 예들은 많은 재산을 처음부터 남기려고 해서는 안 된다는 것을 보여 준다. 요한 웨슬리는 많은 저술로 돈을 많이 벌었지만 죽을 때 남긴 것은 단지 28파운드뿐이었다. 웨슬리가 너무 적게 남긴 것은 계획을 잘못 세웠기 때문이 아니라 계획을 너무 잘 세웠기 때문이다. 낭비했기 때문이 아니라 그리스도를 위해 관대하게 나누었기 때문이다.

상속을 할 때 고려해야 할 것들

(1) 하나님의 돈을 누구에게 남겨야 하는가?

영원의 관점을 가지고 충성되게 다룰 능력이 없는 사람에게 돈과 재산을 남기는 것은 무책임한 일이다. 막대한 금액의 부가 전혀 그것을 다룰 준비가 되지 못한 사람들에게 상속되고 있다. 상속된 재산은 사람을 불행하고, 욕심 많고, 냉소적인 사람으로 만드는 경향이 있다. 평생 먹고 살 돈이 있는데 누가 열심히 일을 하려고 하겠는가? 새로운 유혹들은 종종 여러 가지 중독으로 몰아가며, 형제, 가족들을 비롯해 관계들을 분열시킨다.

하나님의 나라를 위해 더 많은 것을 남기고, 재정적으로 준비되지 못한 자녀들에게 적게 남기는 것은 하나님에 대한 책임 있는 행동일 뿐 아니라 자녀들을 향한 사랑이기도 하다. 하나님의 주인 되심과 청지기로서의 사명의식, 그리고 영원한 가치체계 등 올바른 지혜의 전수와 드림과 나눔의 훈련이 되어 있지 않은 자녀들에게 재산을 넘겨 주어서는 안 된다. "전지전능한 달러를 자녀에게 상속하는 것은 전지전능한 저주이다. 엄청난 부의 부담과 같은 불이익을 자녀에게 제공할 권리가 있는 사람은 아무도 없다. 그런 사람은 이러한 질문을 정직하게 하여야 한다. 나의 재산이 자녀와 함께 안전할 것인가, 그리고 나의 자녀들이 나의 재산과 함께 안전할 것인가?" (앤드류 카네기)

(2) 공평한 것인가 아니면 옳은 것인가?

대부분의 사람들은 "각 자녀마다 공평하게 동일한 금액을 주어야 한다"고 생각한다. 만일 모든 자녀가 동일하게 신실한 청지기이고, 동일한 환경에서 살고 있다면 동일한 유산이 적절하다. 그러나 자녀들의 청지기직에 대한 이해, 돈에 대한 태도, 필요 등이 다르면 각각의 상태에 따라 다른 금액을 남겨야 한다. 낭비하거나 게으르고 고집이 센 자녀에게 많은 돈을 남기는 것은 그들의 죄와 나쁜 습관에 돈을 대는 것과 같다. 당신이 아직 살아 있을 때에 적은 금액을 자녀들에게 맡겨 보라. 그들이 그것을 어떻게 다루는지 보면 당신이 죽을 때 얼마나 남겨야 할지 알게 될 것이다.

(3) 돈을 남기는 것이 돈을 드리는 것과 같은가?

드리는 것은 우리가 '소유할 수 있는 것'을 나누는 선택이다. 그러나 우리가 죽고 나면 그것은 단지 '남겨진 것'이 될 뿐이다. 어떤 사람이 수백억 원을 하나님의 나라를 위해 남겼다는 이야기를 들을 때 감명을 받을 수 있다. 그러나 그만큼의 돈을 가지고 죽었다는 것은 그 사람이 끝까지 하나님의 것을 움켜쥐고 있었음을 나타낸다고 할 수 있다. 내게 잘못을 행한 사람에게 "나는 당신을 용서한다"는 말을 친구에게 유언을 통해 부탁한다고 가정해 보자. 그것이 그럴듯한 의사표시로 보일 수 있지만 하나님께서는 내가 아직 이 땅에 있을 때 용서하기를 원하지 않으실까? 남기는 것보다 주는 것은 자발적으로 소유를 나누는 행동이다. 죽음은 줄 수 있는 최선의 기회가 아니라 마지막 기회이다.

(4) 상속에 대한 가족회의

상속재산의 대부분이나 전부를 하나님의 나라에 드리겠다고 결정했다면, 자녀들에게 그 계획을 설명해 주어야 한다. 이렇게 함으로 잘못된 기대를 갖지 않게 하고, 나중에 자녀들의 원한을 사지 않고, 부모의 죽음으로부터 이득을 챙기려는 현재의 죄책감에서 자유로울 수 있다. 자신들에게 주는 대신 그리스도의 일에 돈을 남기겠다는 결정에 부정적인 반응을 보이는 가족들은 애당초 그들이 유산을 받을 자격이 없음을 증명한다. 헌신된 하나님의 자녀들은 이렇게 말할 것이다. "훌륭한 결정이에요. 아빠! 엄마! 우리에게 좋은 모범을 보여 주셔서 정말 감사합니다."

※ 이제 우리는 어떤 방향으로 나아가야 하는가?

- 나는 소유주가 아닌 시간과 자금과 재능의 관리인이므로 맡겨진 것에 대해 결산을 한다는 것을 잊지 않고 살아간다.
- 지출이 수입을 초과하지 않게 관리하며, 가능한 한 빚을 지지 않는다.
- 생활스타일 상한치를 정해 놓고 그 이상의 금액은 주인의 뜻에 따라 나눈다.
- 드림의 은사에 뛰어나기를 소원하고 훈련한다.
- 영원의 관점에서 모든 것을 결정한다.

※ 실전적용과제 : 하나님과의 재정적인 서약

1. 성령에 이끌리는 청지기의 삶은 어떤 모습입니까?

 - 하나님이 기뻐하는 삶을 살 수 있는 방법은 무엇입니까?

2. 시 106:13-15를 읽으세요.
 - 재정적 결정을 해야 할 때 누구에게 조언을 구해야 합니까?

 - 하나님께 인도해 주시기를 구하지 않은 결과는 무엇입니까?

3. 딤전 6:6-8을 읽으세요.
 - 자족에 대해 어떻게 말씀하고 있습니까?

 - 자족하지 못하도록 방해, 유혹하는 세상의 가치나 방식들은 무엇입니까?

 - 자족하는 마음을 갖기 위해 할 수 있는 노력엔 어떤 것이 있습니까?

 - 당신의 생활 방식은 성경적인 것과 세상의 것 중 어느 쪽에 더 가깝습니까?

4. 약 2:1-9을 읽으세요.
  - 성경은 편견에 대해 무어라 말씀하십니까?

  - 사람을 차별하지 않고 같은 마음으로 대할 수 있는 방법은 무엇입니까?

5. 다음 증상에 대해 답해보십시오.
  - 재정에 관련하여 배우자를 속이고 있는 부분이 있다.( )
  - 나는 우리 가정의 수입과 지출의 정확한 내용과 액수를 알고 있다. ( )
  - 현재 가정 경제를 부부 중 한쪽이 도맡아하고 있다. ( )
  - 돈 문제로 배우자, 또는 다른 가족들과 자주 다툰다. ( )
  - 하나님께 드리는 문제, 이웃과 나누는 문제에 있어 배우자와 의논한다.( )
  - 배우자, 또는 자녀의 경제관념이나 사용방식에 불만이 있다.( )
  - 당신은 위 결과에 만족하십니까?

6. 신 6:6-7, 잠 22:6, 엡 6:4를 읽으세요.
  - 어떤 가치와 방식으로 우리의 자녀들을 교육해야 합니까?

  - 당신은 그렇게 자녀를 양육하고 있습니까?

- 앞으로 당신의 자녀를 재정적인 부분에서 하나님의 말씀으로 양육할 구체적인 실천 방
  안은 무엇입니까?

7. 당신이 발견한 지혜로운 소비습관을 나누어 보십시오.

8. 자녀들에게 재산을 넘겨 줄 때 일어날 수 있는 최선의 일과 최악의 일은 무엇입니까?
 - 최선의 일:

 - 최악의 일:

9. 상속에 관하여 새롭게 깨달은 것이 있다면 어떤 것입니까?

〈전체적인 검토〉
나는 누구인가? 나는 무엇을 추구하는가?

	세상에 속한 사람	하나님 나라에 속한 사람
주 인		
정 신	정착인의 정신	
추 구		
태 도	가능한 한 많이 쌓으려고 함	

하나님과의 재정적인 서약

나는 전능하신 주 하나님께 복종합니다. 나와 내 삶의 모든 영역들에 하나님의 소유권을 확인합니다. "나의" 돈과 소유들이 실제로 하나님의 것임을 선언합니다. 하나님이 모든 것의 소유주이시고, 나는 맡기신 재산을 관리하는 청지기임을 깨닫습니다.

하나님께 대한 완전한 굴복의 표시로서, 드리는 것에 대한 헌신의 시작으로서, 모든 것의 10퍼센트를 주님께만 속한 것으로 구별하여 따로 떼어놓겠습니다. 하나님의 것을 도적질하지 않고 저주를 자초하지 않도록 주의 깊게 완전한 십일조를 드리겠습니다. 나는 하나님께서 공급하신 모든 것의 첫 열매를 교회를 통해 하나님께 돌려드릴 것입니다. 하나님에 대한 순종과 축복에 대한 열망으로 이렇게 하겠습니다. 믿음으로 "나를 시험하여… 보라"(말 3:10)는 하나님의 도전에 응할 것입니다. 하나님의 축복과 함께 90퍼센트로 살아가는 것이 축복 없이 100퍼센트로 살아가는 것보다 훨씬 나음을 보여 주실 것을 요청합니다.

십일조에 의해 바른 길로 방향을 잡은 후에는 일생 동안 드리는 삶의 모험에 매진하겠습니다. 하나님이 내게 맡기신 90퍼센트 중에서 하나님의 인도하심을 느낄 때마다 관대하고 자발적인 드림을 추구하겠습니다. 하나님이 나에게 부를 맡기신 것은 왕처럼 살라가 아니라 "모든 일에 넉넉하게"(고후 9:11) 만들기 위한 것임을 깨닫습니다. 십일조를 유보하거나 하나님이 주라고 하시는 어떤 것을 거절함으로 하나님의 것을 도적질할 수 있다는 것을 깨닫습니다.

굶주린 사람을 먹이고, 잃어버린 영혼을 찾아가고, 그리스도께 온전히 드려진 사역이나 가치 있는 목적에 투자하고 하나님의 자금을 지혜롭고 성경적으로 사용하는데 희생적으로 드릴 수 있도록 하나님이 가르쳐 주실 것을 기도합니다.

재정적인 속박에 빠지지 않음으로 자유롭고 온전한 마음으로 하나님을 섬길 수 있도록 나 자신을 드립니다. 내가 이 땅을 떠날 때 세상적인 것을 가지고 갈 수 없음을 알고, 그것을 이 땅에 쌓는 대신에 하나님의 영광과 나 자신과 다른 사람들에게 영원한 영향을 끼치는 하늘나라에 쌓으려고 하겠습니다. 하늘나라가 나의 고향이며 그리스도가 나의 주인인 것을 깨달으며 하나님의 인도하심을 구하고 하나님의 재산으로 하나님이 지시하시는 일을 하도록 나 자신을 드립니다.

서명: ________________

증인: ________________

날짜: ________________

부 록

주별 암송구절

과정별 주제

주소록

신상명세카드

간증문

중보기도일지

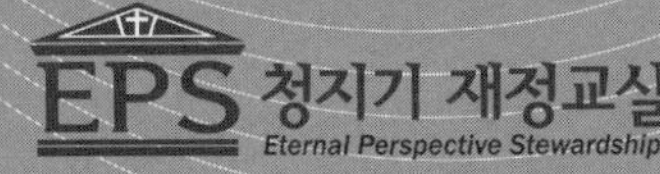

주별 암송구절

1

"내가 여호와께 아뢰되 주는 나의 주님이시오니 주밖에는 나의 복이 없다 하였나이다"(시 16:2)

"너희는 그 은혜에 의하여 믿음으로 말미암아 구원을 받았으니 이것은 너희에게서 난 것이 아니요 하나님의 선물이라"(엡 2:8)

2

"한 사람이 두 주인을 섬기지 못할 것이니 혹 이를 미워하고 저를 사랑하거나 혹 이를 중히 여기고 저를 경히 여김이라 너희가 하나님과 재물을 겸하여 섬기지 못하느니라"
(마 6:24)

3

"육체의 연단은 약간의 유익이 있으나 경건은 범사에 유익하니 금생과 내생에 약속이 있느니라"(딤전 4:8)

4

"부자는 가난한 자를 주관하고 빚진 자는 채주의 종이 되느니라"(잠 22:7)

5

"각각 그 마음에 정한 대로 할 것이요, 인색함으로나 억지로 하지 말지니 하나님은 즐겨 내는 자를 사랑하시느니라"(고후 9:7)

"너희 소유를 팔아 구제하여 낡아지지 아니하는 배낭을 만들라 곧 하늘에 둔 바 다함이 없는 보물이니 거기는 도둑도 가까이하는 일이 없고 좀도 먹는 일이 없느니라"
(눅 12:33)

6

"지혜 있는 자의 집에는 귀한 보배와 기름이 있으나 미련한 자는 이것을 다 삼켜 버리느니라"(잠 21:20)

7

"또 너희에게 명한 것 같이 조용히 자기 일을 하고 너희 손으로 일하기를 힘쓰라 이는 외인에 대하여 단정히 행하고 또한 아무 궁핍함이 없게 하려 함이라"(살전 4:11-12)

"주 여호와의 영이 내게 내리셨으니 이는 여호와께서 내게 기름을 부으사 가난한 자에게 아름다운 소식을 전하게 하려 하심이라 나를 보내사 마음이 상한 자를 고치며 포로 된 자에게 자유를, 갇힌 자에게 놓임을 선포하며"(사 61:1)

8

"이같이 너희 빛이 사람 앞에 비치게 하여 그들로 너희 착한 행실을 보고 하늘에 계신 너희 아버지께 영광을 돌리게 하라"(마 5:16)

과정별 주제

주	일 정	주 제	비 고
1 주		복과 보물	
2 주		소유와 청지기	
3 주		이 땅에서 영원까지	
4 주		부 채	
		친교 및 특강	
5 주		드림과 나눔	
6 주		저축과 투자	
7 주		일과 사업의 기름부으심	
8 주		영원의 관점으로 살아가는 청지기	

주소록

번호	성 명	전화번호	E-mail	생년월일	비 고

EPS 회원 신상명세카드

(기수 :   )

성 명	한글)	영문)

성 별		생년월일	(음 , 양)

직 업		섬기는교회		직분 :

주 소	

연락처		E-mail	

리더 성명		코리더 성명	

교육후기	
건의사항	

후원과 동참	재정( ) 소그룹리더( ) 중보기도( ) 행정지원( )

※귀하는 EPS는 평생회원으로 www.epsworld.org 통해 언제든지 성경적 재정상담을 받으실 수가 있습니다.

※후원계좌번호 : 021901-04-181444 국민은행. 예금주 : 정병일 (EPS)

100-025-573735 신한은행 예금주 : EPS 청지기 재정교실)

간증문

1주차 중보기도일지

이름	기도제목	기도응답

200 년 월 일

2주차 중보기도일지

이름	기도제목	기도응답

200 년 월 일

3주차 중보기도일지

이름	기도제목	기도응답

200 년 월 일

4주차 중보기도일지

이름	기도제목	기도응답

200 년 월 일

5주차 중보기도일지

이름	기도제목	기도응답

200 년 월 일

6주차 중보기도일지

이름	기도제목	기도응답

200 년 월 일

7주차 중보기도일지

이름	기도제목	기도응답

200 년 월 일

8주차 중보기도일지

이름	기도제목	기도응답

200 년 월 일

중보기도일지

이름	기도제목	기도응답

200 년 월 일

중보기도일지

이름	기도제목	기도응답

200 년 월 일

성경구절 모음

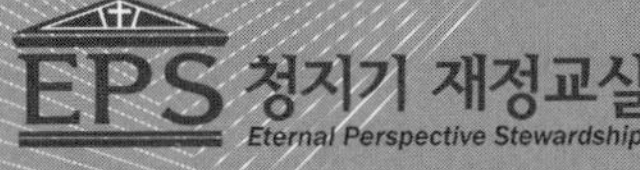

성경구절 모음

1주차 : 복과 보물

〈질 문〉

창 13:1-창 13:7
(1)아브람이 애굽에서 그와 그의 아내와 모든 소유와 롯과 함께 네게브로 올라가니 (2)아브람에게 가축과 은과 금이 풍부하였더라 (3)그가 네게브에서부터 길을 떠나 벧엘에 이르며 벧엘과 아이 사이 곧 전에 장막 쳤던 곳에 이르니 (4)그가 처음으로 제단을 쌓은 곳이라 그가 거기서 여호와의 이름을 불렀더라 (5)아브람의 일행 롯도 양과 소와 장막이 있으므로 (6)그 땅이 그들이 동거하기에 넉넉하지 못하였으니 이는 그들의 소유가 많아서 동거할 수 없었음이니라 (7)그러므로 아브람의 가축의 목자와 롯의 가축의 목자가 서로 다투고 또 가나안 사람과 브리스 사람도 그 땅에 거주하였는지라

창 26:12-창 26:14
(12)이삭이 그 땅에서 농사하여 그 해에 백 배나 얻었고 여호와께서 복을 주시므로 (13)그 사람이 창대하고 왕성하여 마침내 거부가 되어 (14)양과 소가 떼를 이루고 종이 심히 많으므로 블레셋 사람이 그를 시기하여

창 39:2-창 39:6
(2)여호와께서 요셉과 함께 하시므로 그가 형통한 자가 되어 그의 주인 애굽 사람의 집에 있으니 (3)그의 주인이 여호와께서 그와 함께 하심을 보며 또 여호와께서 그의 범사에 형통하게 하심을 보았더라 (4)요셉이 그의 주인에게 은혜를 입어 섬기매 그가 요셉을 가정 총무로 삼고 자기의 소유를 다 그의 손에 위탁하니 (5)그가 요셉에게 자기

의 집과 그의 모든 소유물을 주관하게 한 때부터 여호와께서 요셉을 위하여 그 애굽 사
람의 집에 복을 내리시므로 여호와의 복이 그의 집과 밭에 있는 모든 소유에 미친지라
(6)주인이 그의 소유를 다 요셉의 손에 위탁하고 자기가 먹는 음식 외에는 간섭하지 아
니하였더라 요셉은 용모가 빼어나고 아름다웠더라

욥 42:10-욥 42:17

(10)욥이 그의 친구들을 위하여 기도할 때 여호와께서 욥의 곤경을 돌이키시고 여호와
께서 욥에게 이전 모든 소유보다 갑절이나 주신지라 (11)이에 그의 모든 형제와 자매
와 이전에 알던 이들이 다 와서 그의 집에서 그와 함께 음식을 먹고 여호와께서 그에게
내리신 모든 재앙에 관하여 그를 위하여 슬퍼하며 위로하고 각각 케쉬타 하나씩과 금
고리 하나씩을 주었더라 (12)여호와께서 욥의 말년에 욥에게 처음보다 더 복을 주시
니 그가 양 만 사천과 낙타 육천과 소 천 겨리와 암나귀 천을 두었고 (13)또 아들 일곱
과 딸 셋을 두었으며 (14)그가 첫째 딸은 여미마라 이름하였고 둘째 딸은 굿시아라 이
름하였고 셋째 딸은 게렌합북이라 이름하였으니 (15)모든 땅에서 욥의 딸들처럼 아리
따운 여자가 없었더라 그들의 아버지가 그들에게 그들의 오라비들처럼 기업을 주었더
라 (16)그 후에 욥이 백사십 년을 살며 아들과 손자 사 대를 보았고 (17)욥이 늙어 나
이가 차서 죽었더라

시 37:35-시 37:36

(35)내가 악인의 큰 세력을 본즉 그 본래의 땅에 서 있는 나무 잎이 무성함과 같으나
(36)내가 지나갈 때에 그는 없어졌나니 내가 찾아도 발견하지 못하였도다

전 7:15

(15)내 허무한 날을 사는 동안 내가 그 모든 일을 살펴 보았더니 자기의 의로움에도 불
구하고 멸망하는 의인이 있고 자기의 악행에도 불구하고 장수하는 악인이 있으니

요 9:34

(34)그들이 대답하여 이르되 네가 온전히 죄 가운데서 나서 우리를 가르치느냐 하고
이에 쫓아내어 보내니라

눅 6:38

(38)주라 그리하면 너희에게 줄 것이니 곧 후히 되어 누르고 흔들어 넘치도록 하여 너희에게 안겨 주리라 너희가 헤아리는 그 헤아림으로 너희도 헤아림을 도로 받을 것이니라

고후 8:13-고후 8:14

(13)이는 다른 사람들은 평안하게 하고 너희는 곤고하게 하려는 것이 아니요 균등하게 하려 함이니 (14)이제 너희의 넉넉한 것으로 그들의 부족한 것을 보충함은 후에 그들의 넉넉한 것으로 너희의 부족한 것을 보충하여 균등하게 하려 함이라

마 6:19-20

(19)너희를 위하여 보물을 땅에 쌓아 두지 말라 거기는 좀과 동록이 해하며 도둑이 구멍을 뚫고 도둑질하느니라 (20)오직 너희를 위하여 보물을 하늘에 쌓아 두라 거기는 좀이나 동록이 해하지 못하며 도둑이 구멍을 뚫지도 못하고 도둑질도 못하느니라

빌 3:7-빌 3:11

(7)그러나 무엇이든지 내게 유익하던 것을 내가 그리스도를 위하여 다 해로 여길뿐더러(8)또한 모든 것을 해로 여김은 내 주 그리스도 예수를 아는 지식이 가장 고상하기 때문이라 내가 그를 위하여 모든 것을 잃어버리고 배설물로 여김은 그리스도를 얻고 (9)그 안에서 발견되려 함이니 내가 가진 의는 율법에서 난 것이 아니요 오직 그리스도를 믿음으로 말미암은 것이니 곧 믿음으로 하나님께로부터 난 의라 (10)내가 그리스도와 그 부활의 권능과 그 고난에 참여함을 알고자 하여 그의 죽으심을 본받아 (11)어떻게 해서든지 죽은 자 가운데서 부활에 이르려 하노니

2 주차 : 소유와 청지기

〈질 문〉

마 19:16-마 19:30

(16)어떤 사람이 주께 와서 이르되 선생님이여 내가 무슨 선한 일을 하여야 영생을 얻으리이까 (17)예수께서 이르시되 어찌하여 선한 일을 내게 묻느냐 선한 이는 오직 한 분이시니라 네가 생명에 들어 가려면 계명들을 지키라 (18)이르되 어느 계명이오니이까 예수께서 이르시되 살인하지 말라, 간음하지 말라, 도둑질하지 말라, 거짓 증언 하지 말라, (19네 부모를 공경하라, 네 이웃을 네 자신과 같이 사랑하라 하신 것이니라 (20)그 청년이 이르되 이 모든 것을 내가 지키었사온대 아직도 무엇이 부족하니이까 (21)예수께서 이르시되 네가 온전하고자 할진대 가서 네 소유를 팔아 가난한 자들에게 주라 그리하면 하늘에서 보화가 네게 있으리라 그리고 와서 나를 따르라 하시니 (22)그 청년이 재물이 많으므로 이 말씀을 듣고 근심하며 가니라 (23)예수께서 제자들에게 이르시되 내가 진실로 너희에게 이르노니 부자는 천국에 들어가기가 어려우니라 (24)다시 너희에게 말하노니 낙타가 바늘귀로 들어가는 것이 부자가 하나님의 나라에 들어가는 것보다 쉬우니라 하시니 (25)제자들이 듣고 몹시 놀라 이르되 그렇다면 누가 구원을 얻을 수 있으리이까 (26)예수께서 그들을 보시며 이르시되 사람으로는 할 수 없으나 하나님으로서는 다 하실 수 있느니라 (27)이에 베드로가 대답하여 이르되 보소서 우리가 모든 것을 버리고 주를 따랐사온대 그런즉 우리가 무엇을 얻으리이까 (28)예수께서 이르시되 내가 진실로 너희에게 이르노니 세상이 새롭게 되어 인자가 자기 영광의 보좌에 앉을 때에 나를 따르는 너희도 열두 보좌에 앉아 이스라엘 열두 지파를 심판하리라 (29)또 내 이름을 위하여 집이나 형제나 자매나 부모나 자식이나 전토를 버린 자마다 여러 배를 받고 또 영생을 상속하리라(30)그러나 먼저 된 자로서 나중 되고 나중 된 자로서 먼저 될 자가 많으니라

3주차 : 이 땅에서 영원까지

〈질 문〉

히 10:34-히 10:36

(34)너희가 갇힌 자를 동정하고 너희 소유를 빼앗기는 것도 기쁘게 당한 것은 더 낫고 영구한 소유가 있는 줄 앎이라 (35)그러므로 너희 담대함을 버리지 말라 이것이 큰 상을 얻게 하느니라 (36)너희에게 인내가 필요함은 너희가 하나님의 뜻을 행한 후에 약속하신 것을 받기 위함이라

눅 6:22-눅 6:23

(22)인자로 말미암아 사람들이 너희를 미워하며 멀리하고 욕하고 너희 이름을 악하다 하여 버릴 때에는 너희에게 복이 있도다 (23)그 날에 기뻐하고 뛰놀라 하늘에서 너희 상이 큼이라 그들의 조상들이 선지자들에게 이와 같이 하였느니라

벧후 3:11-벧후 3:14

(11)이 모든 것이 이렇게 풀어지리니 너희가 어떠한 사람이 되어야 마땅하냐 거룩한 행실과 경건함으로 (12)하나님의 날이 임하기를 바라보고 간절히 사모하라 그 날에 하늘이 불에 타서 풀어지고 물질이 뜨거운 불에 녹아지려니와 (13)우리는 그의 약속대로 의가 있는 곳인 새 하늘과 새 땅을 바라보도다 (14)그러므로 사랑하는 자들아 너희가 이것을 바라보나니 주 앞에서 점도 없고 흠도 없이 평강 가운데서 나타나기를 힘쓰라

눅 14:14

(14)그리하면 그들이 갚을 것이 없으므로 네게 복이 되리니 이는 의인들의 부활시에 네가 갚음을 받겠음이라 하시더라

고후 5:20

(20)그러므로 우리가 그리스도를 대신하여 사신이 되어 하나님이 우리를 통하여 너희

를 권면하시는 것 같이 그리스도를 대신하여 간청하노니 너희는 하나님과 화목하라

히 11:13

(13)이 사람들은 다 믿음을 따라 죽었으며 약속을 받지 못하였으되 그것들을 멀리서 보고 환영하며 또 땅에서는 외국인과 나그네임을 증언하였으니

벧전 1:17

(17)외모로 보시지 않고 각 사람의 행위대로 심판하시는 이를 너희가 아버지라 부른즉 너희가 나그네로 있을 때를 두려움으로 지내라

고전 3:11-고전 3:15

(11)이 닦아 둔 것 외에 능히 다른 터를 닦아 둘 자가 없으니 이 터는 곧 예수 그리스도라 (12)만일 누구든지 금이나 은이나 보석이나 나무나 풀이나 짚으로 이 터 위에 세우면(13)각 사람의 공적이 나타날 터인데 그 날이 공적을 밝히리니 이는 불로 나타내고 그 불이 각 사람의 공적이 어떠한 것을 시험할 것임이라 (14)만일 누구든지 그 위에 세운 공적이 그대로 있으면 상을 받고 (15)누구든지 그 공적이 불타면 해를 받으리니 그러나 자신은 구원을 받되 불 가운데서 받은 것 같으리라

잠 24:12

(12)네가 말하기를 나는 그것을 알지 못하였노라 할지라도 마음을 저울질 하시는 이가 어찌 통찰하지 못하시겠으며 네 영혼을 지키시는 이가 어찌 알지 못하시겠느냐 그가 각 사람의 행위대로 보응하시리라

행 17:31

(31)이는 정하신 사람으로 하여금 천하를 공의로 심판할 날을 작정하시고 이에 그를 죽은 자 가운데서 다시 살리신 것으로 모든 사람에게 믿을 만한 증거를 주셨음이니라 하니라

벧전 4:5

(5)그들이 산 자와 죽은 자를 심판하기로 예비하신 이에게 사실대로 고하리라

4주차 : 부채

〈질 문〉

신 28:12-신 28:15

(12)여호와께서 너를 위하여 하늘의 아름다운 보고를 여시사 네 땅에 때를 따라 비를 내리시고 네 손으로 하는 모든 일에 복을 주시리니 네가 많은 민족에게 꾸어줄지라도 너는 꾸지 아니할 것이요 (13)여호와께서 너를 머리가 되고 꼬리가 되지 않게 하시며 위에만 있고 아래에 있지 않게 하시리니 오직 너는 내가 오늘 네게 명령하는 네 하나님 여호와의 명령을 듣고 지켜 행하며 (14)내가 오늘 너희에게 명령하는 그 말씀을 떠나 좌로나 우로나 치우치지 아니하고 다른 신을 따라 섬기지 아니하면 이와 같으리라 (15)네가 만일 네 하나님 여호와의 말씀을 순종하지 아니하여 내가 오늘 네게 명령하는 그의 모든 명령과 규례를 지켜 행하지 아니하면 이 모든 저주가 네게 임하며 네게 이를 것이니

신 28:43-신 28:45

(43)너의 중에 우거하는 이방인은 점점 높아져서 네 위에 뛰어나고 너는 점점 낮아질 것이며 (44)그는 네게 꾸어줄지라도 너는 그에게 꾸어주지 못하리니 그는 머리가 되고 너는 꼬리가 될 것이라 (45)네가 네 하나님 여호와의 말씀을 청종하지 아니하고 네게 명령하신 그의 명령과 규례를 지키지 아니하므로 이 모든 저주가 네게 와서 너를 따르고 네게 이르러 마침내 너를 멸하리니

창 3:13

(13)여호와 하나님이 여자에게 이르시되 네가 어찌하여 이렇게 하였느냐 여자가 이르되 뱀이 나를 꾀므로 내가 먹었나이다

약 4:13-약 4:15

(13)들으라 너희 중에 말하기를 오늘이나 내일이나 우리가 어떤 도시에 가서 거기서

일 년을 머물며 장사하여 이익을 보리라 하는 자들아 (14)내일 일을 너희가 알지 못하는도다 너희 생명이 무엇이냐 너희는 잠깐 보이다가 없어지는 안개니라 (15)너희가 도리어 말하기를 주의 뜻이면 우리가 살기도 하고 이것이나 저것을 하리라 할 것이거늘

잠 3:27-잠 3:28

(27)네 손이 선을 베풀 힘이 있거든 마땅히 받을 자에게 베풀기를 아끼지 말며 (28)네게 있거든 이웃에게 이르기를 갔다가 다시 오라 내일 주겠노라 하지 말며

시 37:21

(21)악인은 꾸고 갚지 아니하나 의인은 은혜를 베풀고 주는도다

왕하 4:1-왕하 4:7

(1)선지자의 제자들의 아내 중의 한 여인이 엘리사에게 부르짖어 이르되 당신의 종 나의 남편이 이미 죽었는데 당신의 종이 여호와를 경외한 줄은 당신이 아시는 바니이다 이제 빚 준 사람이 와서 나의 두 아이를 데려가 그의 종을 삼고자 하나이다 하니 (2)엘리사가 그에게 이르되 내가 너를 위하여 어떻게 하랴 네 집에 무엇이 있는지 내게 말하라 그가 이르되 계집종의 집에 기름 한 그릇 외에는 아무것도 없나이다 하니 (3)이르되 너는 밖에 나가서 모든 이웃에게 그릇을 빌리라 빈 그릇을 빌리되 조금 빌리지 말고 (4)너는 네 두 아들과 함께 들어가서 문을 닫고 그 모든 그릇에 기름을 부어서 차는 대로 옮겨 놓으라 하니라 (5)여인이 물러가서 그의 두 아들과 함께 문을 닫은 후에 그들은 그릇을 그에게로 가져오고 그는 부었더니 (6)그릇에 다 찬지라 여인이 아들에게 이르되 또 그릇을 내게로 가져오라 하니 아들이 이르되 다른 그릇이 없나이다 하니 기름이 곧 그쳤더라 (7)그 여인이 하나님의 사람에게 나아가서 말하니 그가 이르되 너는 가서 기름을 팔아 빚을 갚고 남은 것으로 너와 네 두 아들이 생활하라 하였더라

잠 6:1-잠 6:5

(1)내 아들아 네가 만일 이웃을 위하여 담보하며 타인을 위하여 보증하였으면 (2)네 입의 말로 네가 얽혔으며 네 입의 말로 인하여 잡히게 되었느니라 (3)내 아들아 네가 네 이웃의 손에 빠졌은즉 이같이 하라 너는 곧 가서 겸손히 네 이웃에게 간구하여 스스

로 구원하되 (4)네 눈을 잠들게 하지 말며 눈꺼풀을 감기게 하지 말고 (5)노루가 사냥꾼의 손에서 벗어나는 것 같이, 새가 그물 치는 자의 손에서 벗어나는 것 같이 스스로 구원하라

5주차 : 드림과 나눔

〈질 문〉

고전 8:5
(5)비록 하늘에나 땅에나 신이라 불리는 자가 있어 많은 신과 많은 주가 있으나

고전 16:2
(2)매주 첫날에 너희 각 사람이 수입에 따라 모아 두어서 내가 갈 때에 연보를 하지 않게 하라

막 12:43-막 12:44
(43)예수께서 제자들을 불러다가 이르시되 내가 진실로 너희에게 이르노니 이 가난한 과부는 헌금함에 넣는 모든 사람보다 많이 넣었도다 (44)그들은 다 그 풍족한 중에서 넣었거니와 이 과부는 그 가난한 중에서 자기의 모든 소유 곧 생활비 전부를 넣었느니라 하시니라

대상 29:9
(9)백성들은 자원하여 드렸으므로 기뻐하였으니 곧 그들이 성심으로 여호와께 자원하여 드렸으므로 다윗 왕도 심히 기뻐하니라

대하 24:10
(10)모든 방백들과 백성들이 기뻐하여 마치기까지 돈을 가져다가 궤에 던지니라

고후 8:3
(3)내가 증언하노니 그들이 힘대로 할 뿐 아니라 힘에 지나도록 자원하여

고후 9:7

(7)각각 그 마음에 정한 대로 할 것이요 인색함으로나 억지로 하지 말지니 하나님은 즐
겨 내는 자를 사랑하시느니라

마 6:1-마 6:4

(1)사람에게 보이려고 그들 앞에서 너희 의를 행하지 않도록 주의하라 그리하지 아니
하면 하늘에 계신 너희 아버지께 상을 받지 못하느니라 (2)그러므로 구제할 때에 외식
하는 자가 사람에게서 영광을 받으려고 회당과 거리에서 하는 것 같이 너희 앞에 나팔
을 불지 말라 진실로 너희에게 이르노니 그들은 자기 상을 이미 받았느니라 (3)너는 구
제할 때에 오른손이 하는 것을 왼손이 모르게 하여 (4)네 구제함을 은밀하게 하라 은밀
한 중에 보시는 너의 아버지께서 갚으시리라

막 14:1-막 14:9

(1)이틀이 지나면 유월절과 무교절이라 대제사장들과 서기관들이 예수를 흉계로 잡아
죽일 방도를 구하며 (2)이르되 민란이 날까 하노니 명절에는 하지 말자 하더라 (3)예
수께서 베다니 나병환자 시몬의 집에서 식사하실 때에 한 여자가 매우 값진 향유 곧 순
전한 나드 한 옥합을 가지고 와서 그 옥합을 깨뜨려 예수의 머리에 부으니 (4)어떤 사
람들이 화를 내어 서로 말하되 어찌하여 이 향유를 허비하는가 (5)이 향유를 삼백 데나
리온 이상에 팔아 가난한 자들에게 줄 수 있었겠도다 하며 그 여자를 책망하는지라 (6)
예수께서 이르시되 가만 두라 너희가 어찌하여 그를 괴롭게 하느냐 그가 내게 좋은 일
을 하였느니라 (7)가난한 자들은 항상 너희와 함께 있으니 아무 때라도 원하는 대로 도
울 수 있거니와 나는 너희와 항상 함께 있지 아니하리라 (8)그는 힘을 다하여 내 몸에
향유를 부어 내 장례를 미리 준비하였느니라 (9)내가 진실로 너희에게 이르노니 온 천
하에 어디서든지 복음이 전파되는 곳에는 이 여자가 행한 일도 말하여 그를 기억하리
라 하시니라

레 19:9-레 19:10

(9)너희가 너희의 땅에서 곡식을 거둘 때에 너는 밭 모퉁이까지 다 거두지 말고 네 떨
어진 이삭도 줍지 말며 (10)네 포도원의 열매를 다 따지 말며 네 포도원에 떨어진 열매

도 줍지 말고 가난한 사람과 거류민을 위하여 버려두라 나는 너희의 하나님 여호와이
니라

신 15:10-신 15:11

(10)너는 반드시 그에게 줄 것이요, 줄 때에는 아끼는 마음을 품지 말 것이니라 이로
말미암아 네 하나님 여호와께서 네가 하는 모든 일과 네 손이 닿는 모든 일에 네게 복
을 주시리라 (11)땅에는 언제든지 가난한 자가 그치지 아니하겠으므로 내가 네게 명령
하여 이르노니 너는 반드시 네 땅 안에 네 형제 중 곤란한 자와 궁핍한 자에게 네 손을
펼지니라

사 58:6-사 58:11

(6)내가 기뻐하는 금식은 흉악의 결박을 풀어 주며 멍에의 줄을 끌러 주며 압제 당하는
자를 자유하게 하며 모든 멍에를 꺾는 것이 아니겠느냐 (7)또 주린 자에게 네 양식을
나누어 주며 유리하는 빈민을 집에 들이며 헐벗은 자를 보면 입히며 또 네 골육을 피하
여 스스로 숨지 아니하는 것이 아니겠느냐 (8)그리하면 네 빛이 새벽 같이 비칠 것이며
네 치유가 급속할 것이며 네 공의가 네 앞에 행하고 여호와의 영광이 네 뒤에 호위하리
니 (9)네가 부를 때에는 나 여호와가 응답하겠고 네가 부르짖을 때에는 내가 여기 있다
하리라 만일 네가 너희 중에서 멍에와 손가락질과 허망한 말을 제하여 버리고 (10)주
린 자에게 네 심정이 동하며 괴로워하는 자의 심정을 만족하게 하면 네 빛이 흑암 중에
서 떠올라 네 어둠이 낮과 같이 될 것이며 (11)여호와가 너를 항상 인도하여 메마른 곳
에서도 네 영혼을 만족하게 하며 네 뼈를 견고하게 하리니 너는 물 댄 동산 같겠고 물
이 끊어지지 아니하는 샘 같을 것이라

6주차 : 저축과 투자

〈질 문〉

창 41:34-창 41:36

(34)바로께서는 또 이같이 행하사 나라 안에 감독관들을 두어 그 일곱 해 풍년에 애굽 땅의 오분의 일을 거두되 (35)그들로 장차 올 풍년의 모든 곡물을 거두고 그 곡물을 바로의 손에 돌려 양식을 위하여 각 성읍에 쌓아 두게 하소서 (36)이와 같이 그 곡물을 이 땅에 저장하여 애굽 땅에 임할 일곱 해 흉년에 대비하시면 땅이 이 흉년으로 말미암아 망하지 아니하리이다

약 5:1-약 5:5

(1)들으라 부한 자들아 너희에게 임할 고생으로 말미암아 울고 통곡하라 (2)너희 재물은 썩었고 너희 옷은 좀먹었으며 (3)너희 금과 은은 녹이 슬었으니 이 녹이 너희에게 증거가 되며 불 같이 너희 살을 먹으리라 너희가 말세에 재물을 쌓았도다 (4)보라 너희 밭에서 추수한 품꾼에게 주지 아니한 삯이 소리 지르며 그 추수한 자의 우는 소리가 만군의 주의 귀에 들렸느니라 (5)너희가 땅에서 사치하고 방종하여 살륙의 날에 너희 마음을 살찌게 하였도다

출 16:16-출 16:20

(16)여호와께서 이같이 명령하시기를 너희 각 사람은 먹을 만큼만 이것을 거둘지니 곧 너희 사람 수효대로 한 사람에 한 오멜씩 거두되 각 사람이 그의 장막에 있는 자들을 위하여 거둘지니라 하셨느니라 (17)이스라엘 자손이 그같이 하였더니 그 거둔 것이 많기도 하고 적기도 하나 (18)오멜로 되어 본즉 많이 거둔 자도 남음이 없고 적게 거둔 자도 부족함이 없이 각 사람은 먹을 만큼만 거두었더라 (19)모세가 그들에게 이르기를 아무든지 아침까지 그것을 남겨 두지 말라 하였으나 (20)그들이 모세에게 순종하지 아니하고 더러는 아침까지 두었더니 벌레가 생기고 냄새가 난지라 모세가 그들에게 노하니라

눅 12:16-눅 12:21

(16)또 비유로 그들에게 말하여 이르시되 한 부자가 그 밭에 소출이 풍성하매 (17)심중에 생각하여 이르되 내가 곡식 쌓아 둘 곳이 없으니 어찌할까 하고 (18)또 이르되 내가 이렇게 하리라 내 곳간을 헐고 더 크게 짓고 내 모든 곡식과 물건을 거기 쌓아 두리라 (19)또 내가 내 영혼에게 이르되 영혼아 여러 해 쓸 물건을 많이 쌓아 두었으니 평안히 쉬고 먹고 마시고 즐거워하자 하리라 하되 (20)하나님은 이르시되 어리석은 자여 오늘 밤에 네 영혼을 도로 찾으리니 그러면 네 준비한 것이 누구의 것이 되겠느냐 하셨으니 (21)자기를 위하여 재물을 쌓아 두고 하나님께 대하여 부요하지 못한 자가 이와 같으니라

딤전 6:9-딤전 6:11

(9)부하려 하는 자들은 시험과 올무와 여러 가지 어리석고 해로운 욕심에 떨어지나니 곧 사람으로 파멸과 멸망에 빠지게 하는 것이라 (10)돈을 사랑함이 일만 악의 뿌리가 되나니 이것을 탐내는 자들은 미혹을 받아 믿음에서 떠나 많은 근심으로써 자기를 찔렀도다 (11)오직 너 하나님의 사람아 이것들을 피하고 의와 경건과 믿음과 사랑과 인내와 온유를 따르며

눅 14:28

(28)너희 중의 누가 망대를 세우고자 할진대 자기의 가진 것이 준공하기까지에 족할는지 먼저 앉아 그 비용을 계산하지 아니하겠느냐

잠 19:14

(14)집과 재물은 조상에게서 상속하거니와 슬기로운 아내는 여호와께로서 말미암느니라

잠 19:20

(20)너는 권고를 들으며 훈계를 받으라 그리하면 네가 필경은 지혜롭게 되리라

잠 21:5

(5)부지런한 자의 경영은 풍부함에 이를 것이나 조급한 자는 궁핍함에 이를 따름이니라

전 5:13-전 5:15

(13)내가 해 아래에서 큰 폐단 되는 일이 있는 것을 보았나니 곧 소유주가 재물을 자기에게 해가 되도록 소유하는 것이라 (14)그 재물이 재난을 당할 때 없어지나니 비록 아들은 낳았으나 그 손에 아무것도 없느니라 (15)그가 모태에서 벌거벗고 나왔은즉 그가 나온 대로 돌아가고 수고하여 얻은 것을 아무것도 자기 손에 가지고 가지 못하리니

전 11:2

(2)일곱에게나 여덟에게 나눠 줄지어다 무슨 재앙이 땅에 임할는지 네가 알지 못함이니라

마 6:21

(21)네 보물 있는 그 곳에는 네 마음도 있느니라

약 4:13-약 4:15

(13)들으라 너희 중에 말하기를 오늘이나 내일이나 우리가 어떤 도시에 가서 거기서 일 년을 머물며 장사하여 이익을 보리라 하는 자들아 (14)내일 일을 너희가 알지 못하는도다 너희 생명이 무엇이냐 너희는 잠깐 보이다가 없어지는 안개니라 (15)너희가 도리어 말하기를 주의 뜻이면 우리가 살기도 하고 이것이나 저것을 하리라 할 것이거늘

7주차 : 일과 사업의 기름부으심

〈질 문〉

잠 13:11
(11)망령되이 얻은 재물은 줄어가고 손으로 모은 것은 늘어가느니라

살후 3:10
(10)우리가 너희와 함께 있을 때에도 너희에게 명하기를 누구든지 일하기 싫어하거든 먹지도 말게 하라 하였더니

신 12:7
(7)거기 곧 너희의 하나님 여호와 앞에서 먹고 너희의 하나님 여호와께서 너희의 손으로 수고한 일에 복 주심으로 말미암아 너희와 너희의 가족이 즐거워할지니라

엡 6:9
(9)상전들아 너희도 그들에게 이와 같이 하고 위협을 그치라 이는 그들과 너희의 상전이 하늘에 계시고 그에게는 사람을 외모로 취하는 일이 없는 줄 너희가 앎이라

골 3:22
(22)종들아 모든 일에 육신의 상전들에게 순종하되 사람을 기쁘게 하는 자와 같이 눈가림만 하지 말고 오직 주를 두려워하여 성실한 마음으로 하라

8주차 : 영원의 관점으로 살아가는 청지기

〈질 문〉

시 106:13-시 106:15
(13)그러나 그들은 그가 행하신 일을 곧 잊어버리며 그의 가르침을 기다리지 아니하고 (14)광야에서 욕심을 크게 내며 사막에서 하나님을 시험하였도다 (15)그러므로 여호와께서는 그들이 요구한 것을 그들에게 주셨을지라도 그들의 영혼은 쇠약하게 하셨도다

딤전 6:6-딤전 6:8
(6)그러나 자족하는 마음이 있으면 경건은 큰 이익이 되느니라 (7)우리가 세상에 아무 것도 가지고 온 것이 없으매 또한 아무 것도 가지고 가지 못하리니 (8)우리가 먹을 것과 입을 것이 있은즉 족한 줄로 알 것이니라

약 2:1-약 2:9
(1)내 형제들아 영광의 주 곧 우리 주 예수 그리스도에 대한 믿음을 너희가 가졌으니 사람을 차별하여 대하지 말라 (2)만일 너희 회당에 금 가락지를 끼고 아름다운 옷을 입은 사람이 들어오고 또 남루한 옷을 입은 가난한 사람이 들어올 때에 (3)너희가 아름다운 옷을 입은 자를 눈여겨 보고 말하되 여기 좋은 자리에 앉으소서 하고 또 가난한 자에게 말하되 너는 거기 서 있든지 내 발등상 아래에 앉으라 하면 (4)너희끼리 서로 차별하며 악한 생각으로 판단하는 자가 되는 것이 아니냐 (5)내 사랑하는 형제들아 들을지어다 하나님이 세상에서 가난한 자를 택하사 믿음에 부요하게 하시고 또 자기를 사랑하는 자들에게 약속하신 나라를 상속으로 받게 하지 아니하셨느냐 (6)너희는 도리어 가난한 자를 업신여겼도다 부자는 너희를 억압하며 법정으로 끌고 가지 아니하느냐 (7)그들은 너희에게 대하여 일컫는 바 그 아름다운 이름을 비방하지 아니하느냐 (8)너희가 만일 성경에 기록된 대로 네 이웃 사랑하기를 네 몸과 같이 하라 하신 최고의 법

을 지키면 잘하는 것이거니와 (9)만일 너희가 사람을 차별하여 대하면 죄를 짓는 것이
니 율법이 너희를 범법자로 정죄하리라

신 6:6-신 6:7
(6)오늘 내가 네게 명하는 이 말씀을 너는 마음에 새기고 (7)네 자녀에게 부지런히 가
르치며 집에 앉았을 때에든지 길을 갈 때에든지 누워 있을 때에든지 일어날 때에든지
이 말씀을 강론할 것이며

잠 22:6
(6)마땅히 행할 길을 아이에게 가르치라 그리하면 늙어도 그것을 떠나지 아니하리라

엡 6:4
(4)또 아비들아 너희 자녀를 노엽게 하지 말고 오직 주의 교훈과 훈계로 양육하라